Henri Joël Tatissong

# Philosophie des Mentalitätswechsels

**Henri Joël Tatissong**

# Philosophie des Mentalitätswechsels

Ein Essay über afrikanische Länder des 21. Jahrhunderts

Essayistik

Rediroma-Verlag

Bibliografische Information der Deutschen Nationalbibliothek:
Die Deutsche Nationalbibliothek verzeichnet diese Publikation in der Deutschen Nationalbibliografie; detaillierte bibliografische Daten sind im Internet über http://portal.dnb.de abrufbar.

ISBN 978-3-98885-112-3



Umschlagillustration: Alexiushan (shutterstock.com)



www.rediroma-verlag.de
8,95 Euro (D)

# Widmung

Der ganzen Welt

Den afrikanischen Machtprätendenten

Den afrikanischen Eliten

Den afrikanischen Diaspora-Gemeinden

Den Akademikern

Den afrikanischen Jugendlichen

Den afrikanischen Nachkommen

Wir wollen das sanfte Gesetz zu erblicken suchen, wodurch das menschliche Geschlecht geleitet wird. Es gibt Kräfte, die nach dem Bestehen des Einzelnen zielen. Sie nehmen alles und verwenden es, was zum Bestehen und zum Entwickeln desselben notwendig ist. Sie sichern den Bestand des Einen und dadurch den Aller. Wenn aber jemand jedes Ding unbedingt an sich reißt, was sein Wesen braucht, wenn er die Bedingungen des Daseins des Anderen zerstört, so ergrimmt etwas Höheres in uns, wir helfen dem Schwachen und Unterdrückten, wir stellen den Stand wieder her, daß er ein Mensch neben dem Andern bestehe …

**Adalbert Stifter, Vorrede zu *Bunte Steine***

## Reflexionsverzeichnis

# DER MOMENT, IN DEM ICH DIESEN ESSAY SCHREIBE

Wenn doch wenigstens die Welt auch nur in Frieden gelebt hätte! Ich hätte nicht die Verpflichtungen übernommen, diesen Essay zu schreiben! In dem Moment, wo ich aufs Engste schreibe, stößt man auf unfassbar äußerste Staats- und Familienlosigkeit, Massaker, brudermörderische Hassorgie, Zwietracht, ungezählte Totschläge und Plünderungen aller Art. Ich bin in einer kriegerischen Gegenwart, in der vielen Frauen und Kindern keine Hoffnung bleibt. Sie sterben unwürdig und unbarmherzig überall! Zu erwähnen ist auch die diesige ökonomische und politische Struktur, die in verschiedenen Nationen flimmert. Ich muss sagen, diese selbstquälerische Situation ist mir nicht leichtgefallen. Sie hat mich nämlich zu diesen Fragen geführt: Wie kann man sich doch heute aus solch einem Irdisch-Politischen und Irdisch-Ökonomischen befreien? Wie kann man Kriege stoppen und in Gesellschaften Frieden schließen? Die Fragen müssen jeden wahrlich stören! Wichtig ist es aber zu wissen, dass die stets wachsende triste Schreckrealität, die fast der ganzen Welt durchgängig entgegenleuchtet, überhaupt auf die gegenwärtigen weltpolitisch klaffenden Widersprüche, Anstrengungen und Spannungen, auf Kriege, Militarismen, und nicht zuletzt auf familiäre Schwierigkeiten verweist; der aktuelle Moment ist gleichsam ein Moment des zugespitzten Zusammenbruchs von Staateninstitutionen. Vieles läuft ins Verderben. Vor solch einer dramatisch-gewaltigen Schärfe stößt sogleich die rasant zwangsläufige, befremdliche und vielleicht eigenwillige Migration auf lebhafte Resonanz. Man hinterfragt jedenfalls die Sinndeutung von Traditionen,

Zivilisationen und Kulturen und wendet sich durchaus dem geistigen Zustand und Innenleben des postmodernen, insbesondere afrikanischen Bildungsbürgers zu. Was nämlich jene Aspekte angeht, so habe ich mich immer gefragt, und jetzt frage ich mich noch stärker, ob der Mensch hinreichend zivilisiert und kultiviert ist, weil die dynamische Zivilisation von einer zunehmenden Menge an Toten geprägt ist. Ja, diese moderne Zivilisation und Kultivierung ist mit menschenfressendem, freiheitsverderbendem, friedenshassendem, entwicklungsbremsendem Sprengstoff aufgeladen. Sie erscheint als eine Art Opium gegen Moralvorstellungen. Die heutige, sozusagen kosmopolistische, hybride Welt ist in eine fremde Art der Menschenspaltung, Menschentötung ausgeartet. Unsere heutigen Schicksale liegen auf Händen der dauerhaften Kriege. Ist es nicht möglich, dass der Mensch vor allem in Einklang mit schlechter Zivilisation, Kultur und schlechter Erziehung lebt? Inwiefern kann man noch von Zivilisation sprechen, wenn jene erwähnten Spaltungen auffälliger sind? Ich fühle mich enttäuscht, weil ich wusste, dass die Zivilisation ein gemeinschaftliches Merkmal von allem ist und als solches keine Spaltungen kennen könnte. Geht es sonst in heutigen Zeiten um die Zivilisationsverweigerung? Hat die heutige Zivilisation den Naturmenschen entfremdet? Gibt es noch einen natürlichen Zivilisationsmenschen, der als friedlicher Moderator und Moralvertreter in der Gesellschaft sein kann, weil er dank des Gleichgewichts zwischen seinen natürlichen und sozialen Trieben das Gute von dem Bösen trennen kann? Man bemerkt, dass jeder Mensch das Gute mithilfe seiner Naturtriebe identifiziert und dass das Böse der schlechten Zivilisation entstammt.

Alle skizzierten initiatorischen und gleichsam olympischen Gedankenstriche, die ich wohlauf erörtern und richtungsweisend entwickeln möchte, reichen spezifisch von nationseigenen Sozialerfahrungen, über die gesamtafrikanische Lage bis hin zum Unbehagen in der ganzen Welt zurück. Was Erfahrungen in der Heimat und in Afrika angeht, so werden sie aufzeigen, ohne dass ich meine Hand ins Feuer lege, wie in bürgerlich bescheidenem Maß unser Kontinent Schritte nach vorne, d.h. nach aufschlussreich strategischen Mitteln zu deren Entwicklung machen könnte. Was das Buch anbelangt, so spielt keine wenig angemessen und unzutreffend durchdachte Beschaffenheit einer fiktiven Realität eine Rolle; es geht nämlich um empirisch fundierte Realitäten, wobei Akzente auf die moralische Menschenwerdung gesetzt werden.

Es lohnt sich aber vorwegnehmend zu betonen, dass ich kein Mann der Politik bin und nur meine Beobachtungen in der sozialen und politischen Arena anderthalbjährig in reflektiert philosophischer Weise und je nach ganz naturwissenschaftlichem Prinzip auf Papier bringe und sie danach kraft meines intellektuellen Vermögens auszuleuchten versuche. Diese anderthalbjährigen Studien (ich habe immer ahnend hinausgeschaut und meinen Kopf geschüttelt) sind von höchster Resonanz. Ich gehöre zudem keiner entfaltungsbedrohlichen und regressiven Sphäre im Aus- und Heimatland für bestimmte Gründe an: Ich habe hinreichend im katholischen Elternhaus die religiös scharfsinnige Aufgeschlossenheit und die Ethik von Selbstbedenken und friedvollem sozialem Kollektivleben beigebracht bekommen. Ich bin ebensowohl in einer christlich-katholischen Einheitswelt und von Pfarrern und Geistlichen selbstverständlich gemodelt worden, jedoch ohne dass irgendwelche außerbiblichen und befremdlichen Maßregeln und Strenge Einfluss auf mein moralisches, spirituell gottnäheres Leben haben. Seit der Kindheit habe ich nie Waffen berührt und sehe sie oftmals in Kriminalfilmen, wenn ich Zeit dafür habe, oder während Beerdigungsritualen in meinem Dorf. Ich meine diesbezüglich, dass ich sie niemals im Geringsten nutzen werde, um meine nationseigenen und soweit gesamtafrikanischen Geschwister zu töten, weil ich gewissenhaft, wohlwollend, und noch ferner in philanthropischer Haltung vieles zur moralischen, intellektuellen und materiellen Voranbringung der Welt beizutragen habe. Jedermann müsste sich recht eigentlich unabtrennbar in seiner Gesellschaft beheimatet fühlen und wohl ganz freundschaftlich an die Menschenwürde herantreten.

Geboren 1994 in Westkamerun bin ich ein Kind einer anderen und maßgeblichen Generation, die sich immer vielerorts und mehr denn je in sozialen Netzwerken fragt, welche Wunschbilder für die Zukunft Afrikas vorliegen aufgrund politisch-historischer, soziokultureller, sozialgeschichtlicher und ökonomischer Aporien und Spannungen, obzwar manchmal Angehörige dieser Generation sich wegen Gewissensängsten wie Feiglinge benehmen. Wird diese Generation zu Epochenumbruch und Endzeit der Ältesten und des gerontokratischen Regimes kommen, sodass den Nachkommen andere sittlich formulierte Verhaltensnormen gespendet werden können? Was werde ich sonst individualisierend meinen Kindern über Kamerun und Afrika sagen, damit auch sie später weitläufig ihren Kindern, meinen Enkelkindern von etwas Positivem erzählen? Woran kann man sich heute erfreuen, wenn in fast allen Medien propagandaaufgeladene und ethnische Trauerdiskurse und nicht Diskurse über die Zukunft Afrikas überwiegen? Diesen eindringlich bohrenden, immer sehnlich bevorstehenden, oft angesehen als politikumstürzenden Fragen werden so präzise in meinen Reflexionen Rechnung tragen. Da das heutige Afrika nahezu neue wissenstheoretische, ideologische und konzeptuelle Stellungsnahmen zu dessen Rekonstitution braucht, ist die vorliegende Arbeit auf neue Konzepte erpicht.

# KAPITEL I

# PERSPEKTIVEN DES SELBSTDENKENS

## *Afrika im Lichte der Renaissance und Seelenheilung.*

Dieses Kapitel behandelt umfassend die heutigen Schmähungen und Krisen in einzelnen weltlichen Gesellschaften und die soziale Lage in Gesamtafrika. Es setzt sich zu guter Letzt mit Fragen nach dem (Fort-)Bestehen der Kriege auseinander, indem neue Wertmaßstäbe und Perspektiven des Selbstdenkens sichtbar gemacht werden. Vor allem aber lohnt es sich zu sagen, dass die beiläufige Gesamtschau von vielen Nationen ungeachtet geografischer Faktoren sich durch überwiegend gewaltsame und gleichsam allgegenwärtige Kriege, Konflikte und Unsicherheitsausprägungen rechtfertigen lassen, die zu den hochaktuellen Brennpunkten gehören und als Trends gelten. In Europa ist die seit 2014 beginnende und heute überall meistkommentierte andauernde Kriegslage zwischen der Ukraine und Russland, deren historische Beziehungen nicht zu leugnen sind, schmerzhaft und fast chaotisch geworden, und die schlimmsten Konsequenzen sind in der ganzen Welt spürbar. In Lateinamerika begegnet man dem bewaffneten Konflikt in Kolumbien, dessen Ursprung auf das Jahr 1964 datiert. Wegen der Vereinbarung der kolumbianischen Regierung mit der größten sozialrevolutionären Guerillagruppe (FARC-EP) entstanden 2016 andere revoltierende Gruppen mit dem Ziel eines Machtvakuums. Obwohl der Friedensvertrag im November 2016 erfolgreiche Effekte gehabt hatte und dem Präsidenten Juan Manuel Santo der Friedensnobelpreis zuerkannt war, könnte man noch nicht von Frieden in Kolumbien wegen der Wiederbewaffnung der FARC sprechen. Auch in Kolumbien ist die Drogenmafia ein gravierendes, hartnäckiges, nicht kontrollierbares Phänomen gegen Frieden und Harmonie in der Gesellschaft.

Das Drogenphänomen (bekannt als Drogenkrieg seit 2006) ist auch Ursache der gesellschaftlichen Umbrüche in Mexiko (Nordamerika). Dieser Krieg ist zwischen Staat und Bevölkerung einerseits und zwischen den Drogenkartellen andererseits. Ich darf nicht vergessen, den weltberühmten innerafghanischen Bürgerkrieg zu erwähnen, der bis 2021 Tausende Tote, Flüchtlinge und Obdachlose verursacht hat. Der Hamasangriff in Israel hat schon ungeheure Opferzahlen im Gazastreifen trotz der Militäroperation zur Folge. Nicht zuletzt ist die Amszeit von Saddam Hussein ein Moment der unkontrollierbaren ethnischen Gefühlsverbreitung in der irakischen Gesellschaft. Während die Schiiten beispielsweise der Regierung widerwillig unterlegen sind, sind die Kurden im Norden – wegen ihrer staatlichen Nichtpartizipation oder Ausgeschlossenheit von der politischen Arena – nicht mit der sunnitischen Herrschaft und deren Baath-Partei zufrieden. Auch wenn sie zu den sozialen Minderheiten gehören, protestieren sie vehement gegen die sunnitische Regierung. Wenn man doch nun einen übersichtlichen Blick auf Afrika wirft, dann begegnet man auch fortwährenden sozialen Krisen, Revolutionen und Bürgerkriegskonflikten wegen der strengsten Zuspitzung von Nationalitätenpolitik, Affinitäten, atavistisch-partriarchalen Prinzipien mitsamt den spezifischen Zugehörigkeitsgefühlen, wegen der autokratischen Regime (schlimmstes Verhalten der Regierenden den Völkern gegenüber), nicht zuletzt wegen territorialer Annexionen. Da die vorliegende Arbeit sich auf Afrika beschränkt, werde ich mich gründlichst im Verlauf der Argumentation mit ein paar afrikanischen Ländern auseinandersetzen.

Wenn man sich auf die schon erwähnten europäischen und amerikanischen Länder und ihren kriegerischen Kontext konzentriert, dann ist nicht mehr zu leugnen, dass sich Nationen in heutigen Zeiten nicht ausschließlich durch das definieren, was sie positiv in der Welt erbringen können, sondern durch das, was sie systematisch zu Nationen macht. Infolgedessen ist die Unzahl von Opfern und Flüchtlingen furchtbar. Betrachtet man diese gesellschaftlich-wirksamen Schreckrealitäten, denen anscheinend gewichtige Beachtung geschenkt wird, so fragt man sich zweifelsohne nach der Zukunft der einzelnen Länder oder einfach nach der Zukunft der ganzen Welt. Die Frage betrifft ebenfalls stets zunehmende Verfolgungsszenarien (höchste Verletzung der Menschenrechte). Nebenbei ist bedauernswert, dass nichts zwischen 2010 und 2022 lösungswert ist.[1] Institute der Konflikt-, Friedens- und Terrorismusforschung können mehr Aufschluss darüber geben. In der Tat ist aber gleichwohl bemerkenswert, dass alle Gesellschaften komischerweise auf der Suche nach neuen Modeerscheinungen mit folgenden Kernbegriffen sind, die unleugbar zu ihren Merkmalen werden können: Pflicht- und Persönlichkeitsbewusstsein, Vaterlands- und Weltliebe, Sinnesfreude, Friedlichkeit und Wohlstand, Strebsamkeit, Harmonie, Vergnügungsplatz und Bequemlichkeit. Ich kann mit beinahe ebenso viel Recht sagen, dass obwohl Streitkräfte nach jenen Merkmalen suchen, sie viele Existenzgrundlagen mehr bedrohen bzw. Bürger mehr foltern. Als besonders auffälliges Beispiel ist die Europäische Union (EU) anzuführen. In allen Ländern, wo ihre militärischen Sicherheitskräfte gegenwärtig sind, ist die Ordnung immer mit eigentümlicher Schlichtheit entsorgt. Wogegen

***Erste Begriffsreihe***

[1] Die Situation in Südsahara-Afrika und in Europa muss jeden interessieren.

kämpft man sonst, wenn am Ende jedes Kampfes alles ergebnislos ist oder wenn das Ergebnis ein Repertoire von vielen Toten zeigt?

*Zweite Begriffsreihe*

Viele Länder haben ihre innerstaatliche Friedens- und Liebeszucht persönlichkeitsunbewusst ausgeblendet und eher parteilich die Textur von Krieg und Gewalt, schlechten Erfahrungen, Empfindungen, Wünschen, Einsichten, Armseligkeit, Ungerechtigkeit, Bosheit aller Art und manchem mehr inmitten ihres Lebenskalenders gerückt. Die Verschwisterung von Frieden und Krieg herrscht unbewusst überall! Das heißt, Menschen lieben mehr Kriege als Friedensbotschaften und sind erstaunlicherweise auf der ewigen Suche nach Frieden und Menschenrechten! Die Frage hier, die mir schwerfällt, ist die danach, ob der in heutigen Nationen ausgetragene Krieg und andere kriegsähnliche Massenmobilisierungen mit Wehrpflichten ein diszipliniert bewaffneter Zwang zur Konfliktlösung, Pazifizierung, staatlich-bürgerlicher Solidarisierung und zum Schutz der Menschenrechte sind. Ist der Krieg, bei dem viele ums Leben kommen, eine Art Friedens- und Freiheitsausbreitung, Bevölkerungsregulierung und Gesellschaftsharmonisierung? Die Frage kann zum hochgradig ambivalenten Begriff **Friedenskrieg** oder **Rechtkrieg** führen, indem der Krieg mit Frieden und Legitimation gleichzusetzen ist. Man kann den Begriff nur dann verstehen, wenn der Krieg entmilitarisiert, entideologisiert und pazifiziert ist. Aber wie die Lage sich heute präsentiert, ist vielmehr der Begriff **Kriegskrieg** durchgesetzt, indem Staaten, versehen mit Gewalt, Schwert und Wehr, nur zum kaskadenhaften Töten der Zivilbürger ermächtigt und verpflichtet sind. Ich möchte weitere Fragen stellen, die auch mich stören: Ist Krieg eher eine menschliche Tugend und eine wichtige Verantwortung, die man jeden Tag in der Gesellschaft übernehmen soll? Ist Krieg nicht vielleicht ein verhältnismäßiger Auslöser anderer blutroter Kriegseskalationen mit apokalyptischem Potenzial? Alle nacheinander angereihten Fragen haben prinzipiell damit zu tun, dass ich bedenke, wie hoch viele gegensätzliche Kriegsorganisationen und Munitionen schon vielerorts ohne gesellschaftliche Sanktionen anzutreffen sind. Man hat den Eindruck, dass ihre Ritualisierung und Legitimierung eine Art Friedensevidenz ist. Was sind nun die Kriegsmotivationen, wenn viele Menschen stets massenweise den Heimatort wegen Wehrdrohung verlassen und sterben, dazu auch die Soldaten in Kasernen? **Nach weltlicher Anschauung ist Krieg mehr gegen den Menschen als für ihn und seinen inneren und äußeren Frieden**. Die grundsätzliche Legitimierung des Tötens als eine Form der Friedenschließung muss revidiert werden. Niemand ist geboren, um sein Gegenüber zu töten oder Waffen zu fabrizieren oder zu kaufen. Um dies genau zu verstehen, weil es mit dem menschlichen Wesen verbunden ist, möchte ich mich vorzugsweise den obigen erwähnten Begriffsreihen zuwenden.

Der ersten Begriffsreihe wird eine Schlüsselrolle zuerkannt, weil sie auf dem Prüfstand zur Vormachtstellung und Attraktivität von Frieden, Freiheit, Strebertum und Demokratie führt; sie enthält ebenfalls entwicklungsfähige Angebote, d.h. Angebote, die von Weitem gegen die Uneinheitlichkeit des sozialhistorischen Geisteslebens kämpft und nach anthropozentrisch-humanistischen Idealen strebt. Ganz spezifisch hat bislang – sagen wir einfach seit der Kolonialzeit und unter dem Kolonialjoch – die Einheitlichkeit keinen Zugang zu afrikanischen Ländern gefunden, selbst dann, wenn sie sich normalerweise zum Gegenstand von sozialem Verantwortungsbewusstsein und Entfaltung hätte machen wollen. Menschen verstehen sich im Wesen als Angehörige einer Stammeszugehörigkeit oder eines politischen Kreises. Ich kann aber zugestehen, dass die politische Kreisrealität sich überall als eine historisch-gesellschaftliche Realität erweist und daher Gruppen entstehen lässt, deren Synergie zur Entwicklung und Kreativität führen kann. Wegen seiner imperialistisch-bombastischen Ideologemen beeinträchtigt allerdings die politische Kreisrealität die Entfaltung der sozialen Initiativen in Afrika. Sie ist eher ein Kristallisationselement zur entsetzlichen Sublimierung der eigenen Ziele. Das ist der eigentliche Grund der Existenz von willkürlich regierendem Despot und Amoralität der dirigierenden Schichten. In diesem Kontext der kreispolitischen Barbarei kann ich eine Definition des Menschen ungeachtet dessen geografischer Lage und Hautfarbe entwerfen.

*Unterschied zwischen Mensch und Nichtmensch*

Ein Mensch ist derjenige, der seinem Mitmenschen sein eigenes Leben erkauft und durch Blut das menschliche Leid erlöst, nicht weil er unbedingt in das Märtyrertum eingehen will, sondern weil er das menschliche Gefühl besitzt, welches ihm dabei hilft, sich selbst zu identifizieren, den anderen als sich selbst anzusehen, gegen hasskriminelle und gruppenverwandte Diskurse zu kämpfen und seine Eigenexistenzaufgabe zu erledigen. Ein Mensch fühlt sich als Mensch, wenn er nicht Dinge kritisiert, von denen er nichts versteht, wenn er sein Vermögen an die Welt verschenkt. Darüber hinaus schafft er seinem Gegenüber Freiräume der Liebes- und Friedenszucht und favorisiert zunehmende Kontakte zwischen Gruppen und Gesellschaften, in denen

Leute sich als untrennbare Familienmitglieder verstehen. Ein Mensch hört dort auf, ein Mensch zu sein, wo er sich ausschließlich durch das definiert, was ihn gerade von den allen anderen Menschen unterscheidet. Ein Nichtmensch ist derjenige, der sich durch Geld und Besitz definiert, sich in sich selbst und in seinem Kulturkreis versteht, die anderen missachtet und die Idee der Uneinheitlichkeit propagiert.

Jedoch, wegen der Uneinheitlichkeit des heutigen sozialen Geistes in afrikanischen Ländern zum Beispiel, der sich von der ethnisch-tribalen und sonstigen Gefühlsexistenz ableitet, ist es sehr schwierig, ein friedlich-menschliches, harmonisches und entwicklungsfähiges Gefühl zu evozieren und das Leidensausmaß der Menschen zu vermessen. Es ist gleichsam nicht mehr möglich zu wissen, ob Menschen noch Menschen sind oder ob sie einfache Untiere geworden sind, und dies alles, weil Friedensbotschaften und moralische Tendenzen in den einzelnen Gesellschaften wachsend verjagt sind. Wenn ich hier von moralischen Tendenzen spreche, dann schließe ich sie an die möglichen Identitätsformen an, die den Menschen zum Menschen machen: Die natürlich-personale Identität ist die erste Identitätsform, die sich von der sozial vermittelten Identität als zweiter Identitätsform unterscheidet. Das Gleichgewicht zwischen beiden ermöglicht das Existieren der natürlich-gesellschaftlichen Identitätsform, die zu sozialen Entwicklungsprozessen auf verschiedenen Ebenen beiträgt. Das Trias der drei Identitätsformen lässt sich schematisch beobachten.

***Unterschied zwischen natürlich personaler, sozial vermittelter und natürlich gesellschaftlicher Identität***

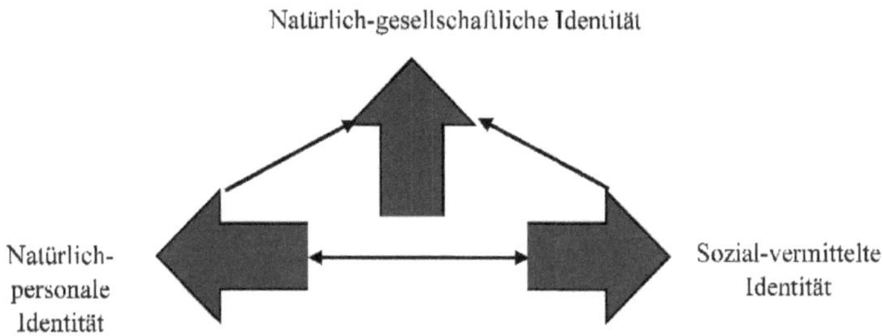


**Abb.1: Das triardische Modell der Identitätsformen**

Die natürlich-personale Identität ist diejenige Identität, mit der der Mensch unbewaffnet auf die Welt kommt. Sie enthält biologische Existenzgefühle. Die zweite ist die Grundlage des kulturellen Menschenwerdens, geprägt von Erziehungsformen, die schlecht oder gut sein können. Sie ermöglicht dem Menschen das Verständnis der Umgebung, der geografischen Grenzen und der Welt mit deren Unterschieden im Bereich der Kleidung, Ess- und Tanzformen, Sprachen und Religionen, Philosophie und weltlichen Weitsichten (Zukunftsvorstellungen) etc.

Die natürlich personale Identität ist das Eigentliche oder die Gottheit an allen Menschen, die sich gemeinsam als lebende vernünftige Wesen bestimmen lassen; sie hat einen Naturgeist und ist gleichsam eine übersoziale Macht, die jedoch im Entwicklungsprozess des Menschen in seinem soziokulturellen Milieu ungeniert schlecht oder gut gemodelt werden kann. Dadurch sind alle Menschen einigermaßen ähnlich. Diese Ähnlichkeit ist sozusagen im natürlichen Geist und nicht im sozialen. Die natürlich personale Identität basiert auf Liebe, Toleranz, Respekt, Großzügigkeit etc. Anhand ethologischer Normen ist es klar, dass vorwiegend diese innerlich reine Identitätsform Kinder in der unbewussten Kindheit vor der Sozialisierung in Gemeinschaften prägt. Damit sind sie unbeschadet fähig, alle Leute aufzunehmen, mit allen barrierefrei zu spielen. Deswegen sind sie in keine Industrie der Hassrituale gemündet. Sie kennen durchaus keine Differenzierungsgebilde, die über Gemeinschaften liegen. Da sie in einzelnen Gruppen mit welt- und menschenerhaltenen Gesetzen, Traditionen, Philosophie und Religion kommen, ist es ja klar, dass sie sich transformieren lassen, um die Welt zu verstehen. Sollten die Gruppen ihren Hirngespinsten reifende sprachliche und emotionale Hass-, Neid- und Rachegefühle auf ganz üppige Weise beibringen, dann werden sie euphorisch mit jenem Hass, Neid und jener Rache heranwachsen. Sollten die Gruppen ihnen pflichtgemäß Liebeserziehung mit Toleranz, Freude, und Frieden gegenüber den anderen beibringen, dann werden sie mit Liebe, Toleranz, Mitgefühl und Respekt heranwachsen. Kurzum: Die Erziehung, von der jedes Kind von der Geburt an in der Privatsphäre profitiert, formatiert seinen Geist und legt Grundsteine für sein zukünftiges Werden und Persönlichkeitsbewusstsein. Der Erziehungsprozess befindet sich unvermeidlich auf dem Stadium eines Kreises, welcher kreiseigene Merkmale enthält. Diese Merkmale kommen in Berührung mit der noch wachen Seele des Indivuums und übermitteln ihm eine zweite Identität, welche als sozial-vermittelte, intergenerationale und in Ethniengesellschaften als ethnische Identität gilt. Sie ist versehen mit dem Sozialgeist. Der unbewusste Erwerb jener Identitätsform im Entwicklungsprozess ist besonders entscheidend, weil ihr Kontakt mit der biologisch

***Natürlich personale Identität und sozial vermittelte Identität hätten den heutigen Menschen zum Menschen machen können und ihm die Kultur der Friedensangebote spenden***

eingeborenen Identität einen Einfluss auf die Letztere ausübt, welche nützliche, aber noch nicht reifende Naturanlagen enthält. Wenn die sozial-vermittelte Identität keine zweckgerichtete Steuerrolle spielt und schlicht die vornehmlich biologische Identität bedroht, ausblendet und dann verdrängt, wächst das Individuum mit einer hasserzieherischen, unvollkommenen Seele bzw. **schlechten Erziehung**[2] heran. Durch eine derartige Erziehung steht es später am Rande des Humanitätsideals und entwickelt antihumanistische Ideologien. Es soll beiläufig klar sein, dass die schlechte Kreisidentität bzw. sozial kugelartige Verbundenheit, die entwicklungspsychologische Parameter stark beeinflusst, sehr gefährlich ist, eben weil sie die Kommunikation der Menschen mit anderen weitherum bestehenden Kulturkreisen beeinträchtigt. Die Gefährlichkeit besteht weitaus darin, dass der kreisverbundene Mensch an der Spitze der Regierung stehen, auf seine vermeintlich apologetischen Kreisrücksichten beharren, die anderen Menschen irrsinnig als Feinde betrachten und dies normal finden kann. Jene Feindseligkeit kann leider jene resignierenden Gruppen dazu führen, in den hart ethnonationalen Kampf einzusteigen, weil sie sich zugleich zum Verschwinden bedroht fühlen und der Ansicht sind, den Sieg zu erringen.[3] In dieser Hinsicht ist es klar, dass der Mangel an einer dialektisch ausgewogenen Wechselwirkung zwischen natürlicher und erworbener Identität dazu führen kann, dass das Individuum seine dritte, humanitäre Identität nicht erreicht, welche als

[2] Die **schlechte Erziehung** ist die Entfremdung des Individuums von seiner Verwesentlichung, der Anwendung seiner biologischen Anlagen im Prozess seiner Vergesellschaftung.

[3] Der ethnonationale Kampf entsteht, wenn die anderen ethnischen Gruppen sich bedroht fühlen und die Elemente ihrer sozialen Sinngebung retten wollen.

praktisches Befreiungsoratorium ablesbar ist und den Menschen vom Verbrecherisch-Unmenschlichen entfernen kann.

Die natürlich-gesellschaftliche Identität gilt als Verallgemeinerungs- und Abstraktionspunkt der anderen Identitätsformen und als Ergebnis der ausgewogenen Interaktion zwischen ihnen. Sie beruht auf der menschlichen Vollendung und Vervollkommnung. Sie ist sehr stark geprägt von Humanität, Solidarität, Nächstenliebe etc. und enthält einen harmonisierend-homogenen Zivilgeist und eine Nationalseele. Dieser Identitätsgrad hilft dem sozial handelnden Menschen bei der fruchtbaren Umsetzung von pazifistisch-moralischen Grundtendenzen, Vernunft und positivem Denken und Schaffen, die sich in der ersten Identitätsform befinden und noch unreif sind. Sie hilft ihm darüber hinaus bei dem Verständnis dessen Selbst als Angehöriger einer Gemeinschaft oder ethnischer Gruppe. Die Gemeinschaft mit ihrer Gesetzmäßigkeit ist jedoch in diesem Sinne Anlass oder Gelegenheit zur Existenzbestimmung, Lebensgebung und nicht Quelle des intensivierten und emphatisch gepriesenen Hassdiskurses. Jeder natürlich-gesellschaftliche Mensch fühlt sich in die anderen hineingenommen und entwickelt die **soziale Gerechtigkeit** und den **Sinn der Menschenrechte**. Das sich Hineinfühlen in das andere und die Bestimmung des anderen als Selbstbestimmung verstehe ich unter dem Begriff des **anderen Eigenen.** Es geht um das Bestehen und Entwickeln der Gegenüberliebe als Selbstliebe. Dadurch kann man die Bedingungen des Daseins des anderen nicht verletzen oder unterdrücken. Wenn man sein Gegenüber liebt, dann ist man auch von sich selbst geliebt und befriedigt. Der natürlich-gesellschaftliche Mann kämpft hieran gegen alle Form von Fremdschaft, Zorn, Ungerechtigkeit und Friedenswidrigkeit. In der politischen Arena beispielsweise geht es um die politische Selbstliebe und unbeschränkte Seelenbefriedigung. Als Verfechter der Moral und friedliche Gesinnung geht er immer primär vom kulturellen Spezifikum aus und erhebt sich zum Kulturell-Allgemeinen. Mit anderen Worten: Die Ausgewogenheit zwischen natürlicher und gruppenverwandter Identität führt das Individuum dazu, sich seinen gruppenverwandten Standort und die anderen sozialen Standorte als diverse Möglichkeiten der sozialen Entfaltung anzusehen, in Einklang mit sich selbst, mit der Natur und Kultur zu leben. So gesehen ist der triardisch strukturierte Identitätsentwurf in dieser Arbeit ein Musterhinweis der menschlichen Veredelung.

Wegen des politischen Machtgerangels in Afrika, wegen der gewaltigen Handlungsweisen, wegen der herzlosen Zerstörung von sozialen Strukturen und vehementen Hassdiskurse kann man sich darüber im Klaren sein, dass es kaum natürlich-gesellschaftliche Menschen gibt. Es gibt eher kreisverbundene Menschen. Niemand ist sich dessen bewusst, dass seine verdrängte natürlich personale Identität sich auf seine natürlich kognitiven Fähigkeiten bezieht und dass er dadurch eine natürliche Friedensinsel ist. Diese kognitiven Fähigkeiten, aufbewahrt in dem Gehirn vor der Geburt, sind einzige Merkmale, die den Menschen zum moralischen Denken und Handeln zwingen können. Niemand weiß gleichfalls, dass die sozial vermittelte bzw. ethnische Identität, die ihn in einem spezifischen Kulturraum einschreibt und ihm einen schlechten anthropologisch-zivilisationsfähigen Charakter zuschreibt, verderbend ist. Wir müssen im Gedächtnis verwahren, dass wir aus Natur und Kultur bestehen. Nur als Naturmensch sind wir wild und barbarisch, und nur als Kulturmensch sind wir feindlich und aggressiv. Das ausgewogene Zusammenspiel der beiden ermöglicht in unserem Leben ein besonderes moralphilosophisches Sichtgebilde, das auf dem Anthropozentrismus und Humanismus basiert. Es muss sicherlich keine Bewunderung erregen, wenn ich davon ausgehe, dass der ‚kulturnatürliche' Mensch allen apathisch gut ist. Er hat die humanistische Gesinnung und ist überall mit Friedensangeboten überzogen; er kann mehr gegen Diskriminierung geifern als der Kulturmensch. Deswegen ist für ihn die ganze Welt gleichgestellt und er verbreitet das friedliche Liebesgefühl, ohne aber doch selbstbewusst die bestehenden Weltunterschiede zu ignorieren.

Die totale Abwesenheit oder Verdrängung der natürlichen Identität im Prozess kreisverbundenen Erwerbs wegen der schon erwähnten schlechten Erziehung in unserer fast säkularisierten und scheinbar spiritualisierten Afrika-Welt hat uns mithin in das impulslose Höllenloch geführt. Obwohl wir stets auf ganz durchweg pedantische Weise unseren Leistungswillen verstärken, indem wir mimetisch davon ausgehen, dass die anderen Afrikaner als dämonische Fremde und nichtsnutzige Puppen betrachtet werden, sind wir doch irgendwie abhängig von ihnen. Dies hat mich zur selbstformulierten **Theorie der Differenzierung des Undifferenzierten** und der **unmöglichen Möglichkeit** geführt. Das neue Gedankengut entwickle ich in dieser Arbeit. Es stellt sich aber dadurch heraus, dass Krisen und alle Formen der Instabilität in den einzelnen Gesellschaften der forcierten Differenzierung des Identischen entstammen. Da wir eigentlich unsere eingeborene und universelle menschliche

Identität (ganz einfach moralische Identität) unbewusst verloren und die Identität prestigehungriger und konsumgieriger Art abonniert haben, sind wir unbewusst krank. Unsere unbewusste Krankheit hat etwas zu tun mit dem sozialen Machtstreben, wobei die Vernunft eine untergeordnete Rolle spielt. Macht in einer Gesellschaft ist für die Kontrolle und Strukturierung jener Gesellschaft gut; aber die willkürliche, unermesslich übertriebene Macht oder die **Macht der Gefühle** ist ein Gift für eine Zivilgesellschaft! Dieses Gedankengut hat mich dazu gezwungen, den zweiten Teil meiner Selbstreflexion **Macht und Gesellschaft** zu betiteln, indem ich mich mit der **politischen Macht** auseinandersetze. Diese rechte Auseinandersetzung wirkt somit neuen politiktheoretischen Konzepten entgegen. Damit die politische Machtausübung den zivilgesellschaftlichen Frieden herstellt, müssen die politischen Akteure die Moralprüfung praxisbezogen bestehen oder humanitätsselig sein. Eine derartige Herausforderung in unserer Afrika-Welt ist nur dann möglich, wenn wir unsere Mentalitäten wechseln und in unserem Gegenüber ein Stück von uns sehen, indem wir Zugang zu der natürlich-gesellschaftlichen Identität haben. Infolgedessen werden wir eigenartige politische Diskurse gestalten und die anderen Brüder mit Herzensgefühlen betrachten. So gesehen laufe ich in der Arbeit der Frage nach, ob eigentlich in Afrika von **politischer** oder **politisierender Macht** die Rede ist.[4] Die politische Macht ist konventionell und basiert auf wohlbekannten etablierten Normen und Gesellschaftsverträgen. Hingegen basiert die politisierende und

[4] Ich etabliere in der Arbeit die Wechselwirkung zwischen politischer und politisierender Macht, weil der heutige Kontext neue wissenstheoretische Konzepte braucht, um die Situation möglichst genau zu schildern und Differenzen zu identifizieren.

politisierbare Macht auf eigenen Bestrebungen und Interessen, auf Marginalisierung und Verletzung der **Politisiertheit** bzw. **politisierten Macht**, der die politische Macht entstammt. Wie gesagt, setzt sich umfassend der Teil *Macht und Gesellschaft* mit diesen neuen Prädikatisierungen in der Politikwissenschaft, die sich weitgehend im Argumentationsablauf auf schematische Möglichkeiten des politischen Machtwechsels in Frieden erstrecken. Vielleicht ist es vielfach erstaunlich, über die politisierende Macht zu sprechen. Die neue Konzepterstellung möchte ich augenfällig mit den afrikanischen politischen Alltagsrealitäten verbinden, wodurch vorzugsweise Vehemenz, Gewalt, phantasmatische und egoistische Machteroberungsformen auf die Oberfläche gespült sind.

Die **Philosophie des Mentalitätswechsels** ist eine Art antimilitärischer, geistig-erzieherischer Kampf gegen die rudimentär-barbarische Seelenverfassung; d.h. ein Kampf von der Seelenreformation und der Demontage von metaphorisch mystifizierten Konstruktionen und Stilisierungen der sozialen Wirklichkeit, die sich zu gesellschaftsverdunkelnden Fantasiegebilden erheben. Sie ist weitgehend eine revolutionäre Philosophie der Rückholung verdrängter natürlicher Identität, sozusagen eine Philosophie der Umgestaltung der gesellschaftlichen Traditionslinie, Erfahrung und dringlichen Munterkeit. Die Philosophie ist ein revolutionär-philosophischer Paradigmenwechsel, und als solcher plädiert sie für das ethnonationale Verschmelzen als Glück gegen die nachträgliche ungleiche Entwicklung, d.h. für den Magnetismus der auffallend differenzierten Vielheit der sozialen Existenz. Sie kämpft durchaus für den mentalen Wandel der gesellschaftlichen Denkprozesse, der machtpolitischen Perversitäten, und ist gegen die bislang ziemlich bestehende historische Kontinuität schlechter Erziehung, die fortwährend Gemeinwesen zerstört. Ihr Kampf ist aber auch gegen die opportunistische Demokratie, die nur als Weg zur Selbstbereicherung, Ausbeutung aller Art ist. Die Philosophie kann aber auch vollzogen werden als ein Plädoyer für eine revolutionär-demoktratische nationale Kompetenz, für eine Völker verbindende und volkstümliche Politik, die sich von sich zu viel verknotenden Ideologien entfernt. Da Nationen wachsend moral, demokratisch, kulturell und anthropologisch zerstört werden, muss jeder zugleich ernsthaft und dringlich, aber bedächtig und anrüchig zum Himmel hinaufschauen und sich ohne Weiteres fragen: Wer bin ich? Warum bin ich wann geboren? Warum bin ich in diesem Kulturkreis und nicht in einem anderen geboren? Wann sterbe ich? Warum ist mein Nachbar heute und nicht morgen gestorben? Soll ich unbedingt das machen, was die anderen bislang gemacht haben, obwohl ich vor meiner Individualentwicklung stehe? Jene recht ontogenetisch bedingte Frageserie ist ein gleichsam moraphilosophisches Gedankengut, welches Ängste in unserem Innern entstehen lässt und unser bisweilen geführtes Leben neugestaltet. Wir haben nicht in einem Sozialkreis leben wollen und wir haben unser Geburtsdatum nicht bestimmt. Unser Existieren ist eine Gnade, ein Zufall und ein Rätsel. Nur Liebe, Frieden und Freude soll uns normalerweise umgeben. Obwohl die Philosophie des Mentalitätswechsels dringlich ist, ist sie eine nicht unkomplizierte Arbeit, weil sie die bewunderungswürdige Abschaffung oder Verminderung der bestehenden, sich von Ära zu Ära vererbenden Mentalitäten und die Ankündigung anderer mit verheißungsvollen Komponenten bedeutet. Erwähnenswert kann man die seit Langem existierende

Kultur und Zivilisation ins Blickfeld rücken. Die Mentalitätswechselidee, die sich zum Gegenstand der vorliegenden Analyse macht, entsteht nur dann, wenn die Bevölkerung sich Fehler nach wiederkehrenden politischen Wahlen und der kalorienarmen Sozialumstände bewusst ist.

Ich frage mich mit gutem Grund, was denn dann in Gesellschaften geschehen kann, wenn die Regierung als amtierende Macht auf gespenstische Weise auf separat eingestellten Subkulturen und Kulturgruppen besteht und die Idee der Uneinheitlichkeit des sozialen Geistes in ihren so oft gehaltenen Reden verbreitet. Diese Frage scheint augenfällig untröstlich zu sein. Untröstlich in diesem Fall, weil sich die Beharrung auf Differenzen zu Diktatur und torturierenden Maßnahmen erhebt und die Regierung mithilfe von gewaltigen technisch-militärischen Leistungen die Bevölkerung ohne Abwehrkräfte umso mehr hindern, einschüchtern und zerstören kann. Daran zu erkennen ist verstärkt, dass in Gesellschaften, in denen die Beziehungen der Völker zu Regierenden konfliktartig sind, alles stets verkümmert. Mit anderen Worten: Keine Gesellschaft in der Welt kann ausgerechnet die Entwicklung irgendwelcher Art erahnen, wenn in deren wechselseitigen Bereichen Entwicklungsfragen immer gänzlich am Rande zur Sprache kommen und man überwiegend über gewaltige Haltungen der Regierenden, niedergelassene und tobende Schlachten, landsknechthafte Tötung sowie über das über das ganze Volk heraufziehende Unglück spricht. Nicht zuletzt kann keine Gesellschaft auf erleuchtungsartige Weise die Entwicklung erahnen, in der Themen von Harmonie, Beisammensein, Gedankenaustausch, Gerechtigkeit, bürgerlichen Ideenarrangements,

Projekten und Initiativen ausgespart bleiben. Was die Projekte und Initiativen angeht, so stehen auch heute akademische Institutionen nicht außer Betracht.

Afrikanische Universitäten sind nicht mehr in der Lage, Forschungen in Soziologie, Sozial- und Naturwissenschaften und Anthropologie zu betreiben. In der Tat besteht keine Voraussetzungslosigkeit der empirischen Forschung über Afrika. Doktoranden, Postgraduierte, Doktoren, Postdoktoren und Professoren haben Herzensängste, soziologische und naturwissenschaftliche Untersuchungen mit anthropologischen Konnektoren zu betreiben, weil ihre Befunde im Endeffekt in eine Schublade geschoben werden können. Anders formuliert: Forschungen, die einen engen politiknahen Bezug und ‚Gesellschaftskultur' haben und der radikalen Sachlichkeit entsprechen, erweisen sich höchstens als gewaltfavorisierend, grobschlächtig und revolutionär. Das heißt, die Großmänner der politischen Arena wollen halsstarrig, dass die krude soziale Realität und die empörte objektive Wahrheitserfahrung schlicht unter den Tisch fallen und dass sich die Hasskultur vergleichsweise akademisiert. So gesehen sind die Forschungen nichts mehr anderes als gefühlsbetont und schnoddrig, weil Forscher vor allem ihre sozialen Affinitäten in den Vordergrund schieben. Man erlebt eine akademische Ära des **intellektuellen** und **epistemologischen Terrorismus** wegen Verschiebung, Verleugnung und Verdrängung gesamtgesellschaftlicher Phänomene, die normalerweise zu wissenschaftlichen Reflexionen führen und zur Verbesserung der Gesellschaft dienen können. Der akademische Wirklichkeitsterror lähmt das Funktionieren der Gesellschaft, weil das, was in jenem Milieu abgelehnt, manipuliert und vermieden wird, das sozial Bedrohende ist. So gesehen, ist das akademisch Perspektivlose eine schlimme Wunde im Gehirn. Die Wunde ist so tief, dass man jetzt fragen kann, wozu Universitäten in Afrika dienen, wenn sie sich von **realen Problemen** entfernen. Ich muss sagen, dass jede Universität als intellektuelles Milieu sich an das Alltagsleben der Gesellschaft heften muss. Man kann jetzt verstehen, warum die Eindringlichkeit von Mentalitätswechsel, Seelentauch und -wanderung zwangsläufig ist vor der wissenschaftlichen Unbeträchtlichkeit und Monstrosität in den Universitäten. Man muss wissen: Umgemodelte Seelen und neue Mentalitäten werden dem zukünftigen sozialen Dasein nützen und ihm wichtig sein. Solche Aufgaben müssen unverzichtbar in die politischen und universitären Auseinandersetzungen eintreten, weil politische und akademische Akteure immerhin eine zugespitzte Rolle in jedweder Gesellschaft spielen. Damit kann man jedoch rechnen, dass auch andere Sozialinstanzen sich dafür einsetzen und ein gemeinschaftlich selbstbewusstes Lebensgefühl ausstrahlen lassen.

Vielleicht kann man mir schon vorwerfen, die schlimme Politiklage als eine typisch afrozentrische Realität zu bewerten. Wie ich viele Kontinente zu Beginn der Arbeit angesprochen habe, ist sodann zu wissen, dass dies keine spezifisch kontinentverbundene Realität ist, sondern eine weltweite, weltgeschichtliche und transnationale. Sowohl die antihumanitär destabilisierende Politik als auch Kriege sind überall vorhanden. Ich kann leider hier sagen, dass Kriege normalerweise von unvernünftigen Tieren und nicht von vernünftigen Menschen verursacht werden könnten. Gemeinschaften sollten ein Reichtum in den Einzelgesellschaften sein, indem die gute Anerkennung demokratischer Prinzipien, basierend auf Toleranz, Freiheit, Transparenz und Beachtung der Menschenrechte in Erscheinung tritt.

Es ist ja klar, dass unsere afrikanischen Gesellschaften ganz gesetzlich konventionelle, auf demokratischen Prinzipien beruhende Gesellschaftsverträge haben, die gleichsam in Bibliotheken, akademischen Institutionen, Schulen der Menschenrechte, Buchhandlungen, und anderen Medienspeichern gespeichert sind. Jene Verträge zeigen möglichst klar, wie in einem demokratischen Land das Thema des Menschenrechtsschutzes ausschlaggebend ist. Wenn man in diesem Zusammenhang davon ausgeht, dass das Gepräge der Menschenrechte überall überstrahlen muss, ist dann zu fragen, ob diese Überstrahlung irgendwie vor allem dokumentarisch eingetragen und in den schulischen und akademischen Institutionen als Evangelium vermittelt werden muss oder ob ihre konkrete soziale Praxisbezogenheit ungeachtet jener schon erwähnten Bildungsinstitutionen dermaßen höherwertig ist. Kurzum: Friedenspezifische Fundamente müssen jedoch sehr treffend begehrt sein, weil sie typisch für den sozialen Fortschritt mit unterschiedlichen Geschwindigkeiten sind. Das einzige Mittel zum Zustandekommen dieser Fundamente ist der Rückblick auf anthropozentrische Betrachtungsweisen.

*Menschenverachtung und -ablehnung wegen ethnisch-ethnografischem Vorwand ist ein Mittel zur Erreichung der eigenen Ziele, der Selbstglorifizierung und des Kampfs gegen die Moralverbreitung*

Die zweite Begriffsreihe, die ganz oben erwähnt ist, hat – wie sich jeder merken kann – einen höchsten Verweis zugleich auf die Perversion und Unmoral, auf die eigenwillige Verachtung und Existenzablehnung vom Menschen und dann auf die seelisch bedingte Konstruktion der Wirklichkeit, die in der Außenwelt –

angesichts deren ästhetisch angemessener diskursiver Übertragungen – als Scheinwirklichkeit auftritt. Ich möchte betonen, dass der Verlust von massenkulturellem Nationswohlstand, Kurzweil und Fröhlichkeit wegen nationalitätenpolitischer Rahmungen das begriffs- und konzeptgeschichtliche Gerede der Grunddifferenzierung des Undifferenzierten begünstigt.[5] Der Mensch wird in der sozial-politischen Umgebung nicht als Mensch bestimmt, sondern allenfalls ansatzweise als Angehöriger eines subkulturell identifizierbaren Teils. Dies ist die Ausgangsbasis der Menschenverachtung und -ablehnung als Strategie zur Machthandhabung und -ausübung, nicht zuletzt zur schizophrenen Werdung der ganzen Gesellschaft. Die ethnische, imperialistisch-militarisierte Menschenverachtung wählen wir auf jeden Fall als einen einzigartigen Weg zur Erreichung unserer Interessen, nicht zuletzt als ein Mittel zur Glorifizierung unser selbst. Was dem afrikanischen Machtaktanten fehlt, ist die Moral. Deshalb scheint dorthin nicht selten das Leben das Schreckliche, das Unverständliche, das Überrumpelte, das Mysteriöse und das Unbefriedigende zu sein. Niemand kann leugnen, dass das Gestern, aufgeladen mit Schreckmomenten, die Erinnerungen larmoyant enttäuscht. Das konfliktreichste Heute beängstigt Augen wegen qualvoll verbreiteter Verunsicherungsszenarien und das Morgen wirkt schon mehr destabilisierend und perspektivlos. Alles wird zur Gewalt regrediert und erweist sich gleichsam als apokalyptisch. Ich habe in diesem Zusammenhang das Gefühl, dass

[5] Die selbstformulierte Theorie der Differenzierung des Undifferenzierten, die ja neue theoretische Erkenntnisse ans Tageslicht treten lässt, ist mit dem anthropozentrischen Gedankengut eng verbunden und bezeichnet die Betrachtungsweise des Menschen als identisches Wesen, das sich über bestehenden ritualisierten Identifikationsformen stellt, die ihrerseits ethnisch-tribale Differenzen unter den Menschen zu etablieren vermögen.

diese immer größer werdende konfliktartige Welt keine optimalen Zukunftseinschläge aufs Tapet bringt und bringen wird. Erlauben Sie mir, ins Extrem zu gehen, wenn ich davon ausgehe, dass die Zukunft unserer einzelnen Gesellschaften sich schon durch eine recht fremdartige Konturlosigkeit auszeichnet und man keine prophetischen Augen mehr braucht, um sich bevorstehende apokalyptische Bildszenarien auf Grundlage der gegenwärtigen menschlichen Verhaltenheit auszudenken. Deswegen besteht ein wichtiges Postulat meines Denkens in der Annahme, dass die bevorstehende Zeit mehr Konflikten und Umbrüchen nachhaltig erliegen wird, wenn sicherlich in Afrika dem politischen Machtwechsel keine friedenswürdigen Akzentsetzungen zufallen. Ich spreche umfassend in meinem Sozialwechselprojekt von Afrika und komme manchmal ab und zu auf andere Länder, da ein paar angetroffene Schreckszenarien auch dort existieren. In Afrika nämlich kommen zu der atavistisch eingewilligten Machtbewahrung grausame Akzentsetzungen hinzu, derart, dass philanthropisch-altruistische Fragen schlicht in Vergessenheit geraten. Es möchte hierzu sagen, dass Gesellschaften, in denen philanthropisch altruistische Verhalten vorherrschen, einwandfrei in Frieden über Dezennien hinweg leben können. Der Frieden selbst ist ein unerlässlicher Faktor der Entwicklungsfähigkeit in den einzelnen Sozialbereichen. Durch deren Komplementarität hat die Ökonomie weitgehend erstaunenswerte Effekte. Obendrein ist zu wissen, dass auch die Anthropologie neben Politik, (Sozial)-Ökonomie, Kultur, Philosophie und deren einzelnen mentalitätsgeschichtlichen Komponenten eine beispielhafte gewichtige Bedeutung enthält. In dem (sozial)-ökonomisch-ökologischen Bereich hat der Frieden einen weitaus tragfähigen Stellenwert im Prozess zugleich von umweltökologischem Schutz und Entwicklung von Lebewesen, darunter vor allem Tieren und Menschen, auf die ich mich in dieser Arbeit fokussiere. Menschen transformieren nämlich durch Harmonie und Frieden ökonomische Varianten, Bodenschätze, die allen nützen. Wenn man gleichwohl nach der Macht mit individualisierend ernst zu nehmender Halsstarrigkeit strebt, dann lauert für die ganze Gesellschaft Gefahr. Diese übertriebene Macht – muss man wissen – entsteht bei der obersten und sozusagen amtierenden Machtinstanz, die möglichst genau das Volksgeld versprasst und gegen alle gerechten Stimmen kämpft, in der Absicht, die ganze Gesellschaft und die Sphäre der Jugendlichen zur sozialen Antrieblosigkeit und Unambitioniertheit zu bringen. Die angesprochene amtierende Macht, die sich so verhält, ermittelt den Jugendlichen schreckliche Wellen, indem die Herauskristallisierung von deren recht entwickeltem antipatriotischem Gefühl die Jugend vorm freiwilligen Interesse an der Politik entmutigt.

Vielleicht geht es um eine fehlerhafte, hypothetische und täuschende Absicht, aber jene bewegt zum Selbstdenken, zumal ich mich möglichst genau nach meinen Selbsterfahrungen richte. Deswegen liest man dieses Buch als eigene redaktionell erarbeitete, ganz philosophische Reflexion über paradigmatische Rahmenbedingungen; d.h., über Mensch, Ethnie, Entwicklung, Macht und Gesellschaft, die ich in neuem Licht durch kontextuelle definitorische Klärungen

***Der vorliegende Essay wirft die Frage nach dem Ethniendiskurs und Atavismus in Afrika auf, indem ersichtlich wird, dass dieser Diskurs nur ein Scheindiskurs ist. Der Essay legt – auf ganz kritisch-emanzipatorische Weise – den Akzent auf die Friedensschließung und ist gegen jede Form äußerlicher Spekulationen.***

darstelle und in Kapitelformen gliedere, wodurch aufgezeigt wird, wie das friedvolle Leben ohne irgendwelche soziale Spaltung, ohne sich alltäglich verschärfende soziale Konflikte, ohne ideologisch-politische Einfärbung mit Pluralität der auseinandergerissenen Stimmen und mit der eschatologischen Idee der menschlichen Pilgerfahrt auf Erden ein Faktor von paradiesischer Lebensführung und ökonomisch-moralischem und politisch-kulturellem Wachstum ist. Die durchgemusterte Hauptproblematik der Arbeit lässt sich in wenigen Wörtern subsumieren: Wie kämpft man gegen die wachsende Entwicklung der nichtswürdigen Ethniendiskurse (schlechter Erziehung) und gegen Atavismus und politische Manipulation in Afrika, sodass der Machtwechsel den Völkern neue Wege weist? Als Antwortelement ist die Rückkehr zur natürlichen Identität, die schon in der Argumentationskette ausführlich angesprochen ist, von Belang. Es lohnt sich, zu erwähnen, dass dieses Buch darauf angelegt ist, viele Herzen über Liebeszucht und Unterrichtungspläne über die Vergänglichkeit und Nichtigkeit alles Irdischen zu überzeugen und Ansichten irritierend zu durchkreuzen. Ich bitte alle darum, das Buch nicht als gewaltfavorisierendes Dokument zu betrachten, indem sie seine Vervielfältigung vorschnell verbieten. Wer das tut, der entfernt sich von der Kultur von Dynamismus und Novum. Wer das tut, der versteht sich mit Spaltungen in den resignierenden Gesellschaften. Das Dokument schlägt nur Mittel zur Erzeugung eines enormen Reformdrucks vor. Nebenbei ist die Spaltung augenfälliger in meiner Heimat (Kamerun) angesichts neuer ideologisch etablierter, legitimierter und im Umgang gebrachter Prädikatierungen. Es empfiehlt sich, zu betonen, dass diesem Buch meine Gedanken ihren eigenen Ton und ihre eigene Anrufung der Friedensschließung und

Möglichkeiten einer neuen kulturellen, hochpolitischen und sozialen Erfahrungsgeschichte gibt, indem die neue Philosophie das Bewusstsein aller hält und eine vielfach zivilisatorische Neuhistorisierung vorschlägt. Zu sagen ist indes, dass ich die Gesellschaften nicht total verändern möchte, sondern verbessern, weil die Veränderung nur schrittweise und prozessual durch die Verbesserung erfolgen kann. Bei der prozessualen Veränderung kann sich jeder fragen, welche Rolle er in der Welt zu spielen hat. Ich weiß durchaus, dass mein Buch nicht danach strebt, den afrikanischen Menschen zu veredeln, weil es nicht einfach ist, mentalitätsgeschichtliche Irrtümer abzutun. Aber es möchte sich zumindest auf viele Wege zur menschlichen und seelischen Veredelung durchschlängeln.

# KAPITEL II

# ETHNIE, MACHT UND GESELLSCHAFT

## I- Gesellschaftsdiagnose aus ethnischer und machtpolitischer Perspektive

Vor nunmehr vielen Dekaden seit den angeblichen Unabhängigkeiten vieler afrikanischer Länder ab den Sechziger-Jahren, darunter in Sonderheit Kamerun, die Demokratische Republik Kongo und Gabun haben sich Räume für verwirrend unlösbare Konflikte angebahnt; viele Konflikte nach demjenigen, der an der sozialen Spitze stehen und die Bevölkerung leiten muss. Die Konflikte haben im politischen Bereich zur Intensivierung der politischen Repression, im ökonomischen zur Favorisierung des wirtschaftlichen Rückgangs, im kulturellen zur Beharrung auf Stammesstrukturen geführt. Auf politischer Ebene insbesondere schätzt man stets fortan keine Echtheit der organisierten präsidentiellen, ministeriellen, senatorischen und sonstigen Wahlen ein; man widmet sich vielmehr der ethnischen und dynastischen Tonlage. Die soziale Spaltung wegen des Bestehens von Ethnien, die zur „vaterländischen Katastrophe" oder gleichsam zur totalen Zersplitterung geführt hat, ist eine schwerwiegende Realität. Welche Ethnie oder dynastische Reihe muss sonst die ganze Gesellschaft nachhaltig leiten und deren eigenes Interesse abgesehen von den anderen gut anstreben? Diese Frage nach der sozialen Führung, die sowohl die nationsgebundenen Projekte als auch den Panafrikanismus stets bremst, hat warmblutige Konflikte innerhalb der Nationen hervorgebracht. Betrachtet man die Situation in den Jahren nach den Unabhängigkeiten näher, so sind unterschiedliche exemplarische Konfliktsituationen erwähnenswert. In Kamerun hat diese Frage und die darunterliegende Bamileke-Revolte (1945-1965) gegen Jacques Foccarts Entscheidung zum Bamileke-Völkermord geführt, in Rwanda

1994 zum Genozid zwischen Hutus und Tutsis wegen des Todes von Präsident Habyarimana, wegen belgischer Kolonialbehörden und deren Beharrung auf ethnischen Etikettierungen und ethnischer Erziehung, die schon 1990 den Beginn der Bürgerkriege markierten. In Gabun verschärften sich ethnische Rivalitäten zu Omar Bongo Ondimbas sehr langer Amtszeit (1967-2009). Obwohl Mobutu in der Demokratischen Republik Kongo die ethnischen Gefühle auszurotten versuchte, war seine diktatorische Macht ein Mittel zur ethnischen Spaltung der Gesellschaft und zur Verschärfung der Rivalitäten in den einzelnen Volksgruppen. Beispielsweise hat die Mobutu-Diktatur zum gewaltigen Aufstand im Südkivu im Jahre 1996 geführt. Die Amszeit seines Nachfolgers Laurent-Desiré Kabila sah ähnlich aus wegen der Ablehnung der Rücktreibung der rwandischen Hutus nach Rwanda, die schon die Regierung total „kolonisierten". Heute haben noch der Ituri-Konflikt (seit 1999) und der sogenannte Dritte Kongokrieg (seit 2004) in der Provinz Nordkivu im Osten der Republik zu viele Konsequenzen mit sich gebracht. Religiöse, kulturelle, politische und ethnische kommunale Konflikte in Nigeria seit 1998 sind aber auch zu erwähnen. Nur auf diesen beispielhaften Punkten basierend ist zweifelsohne zu betonen, dass sich afrikanische Länder nach den Sechziger-Jahren aus kriegerischen Kataklysmen, Anarchie, despotischer und diktatorischer Zwangsherrschaft und stereotypen Diskursen zusammensetzen. Bestätigt kann jeder finden, dass diese drastischen und recht kecken, entwicklungsfeindlichen Sozialerfahrungen das Lebensgefühl von Zeitgenossen stets bedrohen und deren Freiheit über Bord werfen.

Was man von der Bildung, Humanität, und Sozialisierung erwartet, ist stets auf den Kopf gestellt. Man kann auch die

Tatsache erwähnen, dass vorwiegend in ein paar Ländern zum Beispiel das französische Schulsystem wegen des engen Anschlusses an Frankreich zur Einschulung in den Grundschulen bleibt. Die Völker, die gegen diese gravierenden sozialen Realitäten protestieren und für die Rückkehr zu grundlegenden kulturellen Eigenheiten plädieren, sind zwangsläufig dazu aufgefordert, in Schweigen gebannt zu stehen und sich widerwillig an der Glaubensdiktatur festzuhalten. Diejenigen Dissidenten einer solchen verängstigten Diktatur, die sich in den afrikanischen Diaspora-Gemeinden befinden, formulieren vehement ihre Kritik in den sozialen Netzwerken und können konsequenterweise wegen Heimatdrohung nicht mehr heimkehren. Es ist trotzdem nebenbei zu bemerken, dass soziale Netzwerke höchstens zur Verbreitung des Hasses und Tötungsgefühls in den letzten Dezennien beigetragen haben. Sie sind obendrein ortsverbundene Mittel, wo Leute anonym ihre unbehaglichen Gedanken und Positionen der aktuellsten politischen, kulturellen und ökonomischen Lage gegenüber verbreiten. Niemals liest man in diesen Netzwerken glücksbringende, entwicklungsfähige und erfreuliche Nachrichten (z.B. Opera News als skandalöser Erfahrungsraum). Noch zu sagen ist auch, dass in den Massenmedien (Rundfunk, Fernsehen) kühne identifizierbare, unterschiedlichen politischen Formationen angehörende Köpfe erscheinen. Sie bilden in manch gewisser Hinsicht zwei Widerstandsorganisationen.

Die erste verbreitet die Einsicht, dass nichts Soziales gut läuft. Sie stützt sich rezitativisch und chorisch auf durchdringende Schreckbilder, Wertverluste und Denunziationen und plädiert zugleich gegen den aktuellen Staatsdienst und für die Revision der bestehenden Staatsform. Die andere hebt umfassend hervor, dass die bürgerlich-soziale Ordnung

‚gesund‘ ist wegen der gleichmäßigen Verteilung der Landesressourcen; sie versucht hierbei immer siegreich die Hochbemühungen der Völker zu entfesseln. Ihre lyrisch-rhetorische Auffälligkeit erweist sich jedoch vor allem als lügnerisch. Es ist ganz gewiss untröstlich, dass Leute, die sich so verhalten, alles wegen scheinbar grässlicher, schmählicher und gleichsam gespenstischer und gründlich nicht zu brauchender Interessen im Schilde führen wollen, weil sie mehrheitlich der amtierenden Ethnie angehörig sind. Viele betrachten jene Interessen als Existenzgrundlage ersten Ranges. Auch wenn es herannaht, dass jene Interessen längst menschen- und entwicklungsverachtend sind, wollen viele sie immer heraufbeschwören. Dies verweist auf die schlechte erworbene Erziehung und schlechte Mentalität.

Betrachtet man noch die aktuelle Situation näher, so ist klar, dass viele, die mehr Kritik an Regierenden üben, mal ins Exil getrieben, mal gefangen genommen, hingerichtet, erhängt, insgeheim enthauptet oder erschossen werden. Die in Gefahr stehende Kategorie ist sich selbst bewusst, dass Afrika-Regierungen keine Kritik und soziale Verbesserungsvorschläge benötigen. Als so eklatantes Beispiel kann man noch mal den Fall Kameruns anführen. In diesem Land sind wohl bereits viele kühne, heroische, reformfreudige und revolutionäre Geister im Gefängnis.

## I.1 Ethnischer Diskurs als Scheindiskurs: Ideologisierung der Sozialgruppen

Wohin mit ethnisch-ethnografischen, staatlich-identifizierungsspezifischen, repressiven Diskursen und sich häufenden Drohungen? Was wird nun werden mit der überfälligen, schnöden und verschleierten Abspaltung der Sozialschichten? Was wird nach dem Triumph des ethnischen, uninteressanten oder sogar diskreditierten und auf sozialen Stereotypisierungen basierenden Diskurses, der die Macht des friedlichen Zusammenlebens und Miteinanderseins stets bröckeln lässt? Diese notwendig angereihten und adjektivvollen Fragen, die ebenso gut die ethnische Aura und wachsende ethnische Renitenz in Afrika auszeichnen, sollen auf vielfach merkwürdige Weise die Neugier von jedem in der ganzen Welt erwecken, der einen Blick auf Afrika illuminiert oder einfach Afrikaforscher ist und sein will. Wegen der schlechten Erziehung gehören schon affektbesetzte Ethniendebatten zu den meistkommentierten und durchgespielten Sozialphänomenen in Afrika. Protokollartig bieten sich in der Öffentlichkeit (Politik, Ökonomie, Medien, Schulen, Märkte, Krankenhäuser etc.) und im Privatleben (Familie, Bars, Freundschaftsvereine etc.) untröstliche Räume, die schier endlose Fragen über die Zukünftigkeit stellen, und zwar Fragen über das Bestehen der sich verschärfenden Fehlunterschiede und die Betonung der ethnischen Vielfalt im Alltagsleben. „Du bist dies, du bist jenes!“ So sind Hassworte, die weitaus von den afrikanischen Regierenden selbst abkommen und Missverständnisse unter den Zivilbürgern herleiten. Aber warum solche Worte? Ein paar hoch qualifizierte und herausragende Intellektuelle und Akademiker aus der Soziologie, Sozialwissenschaft, Anthropologie, Ethnologie und Historiker, die jedoch die nachgerade Frage handfest zu steuern versuchen, gewähren gleichsam keine vollständig bevorstehende und auszugleichende Hoffnung vor atemberaubenden und trotzdem gefährlich werdenden Gegensätzen. Viele gehen davon aus, dass eigentlich Ethniendebatten in afrikanischen Gesellschaften noch mehr zu Volkserhebungen führen werden. Vor dem bevorstehenden Schatten der Gesellschaftsumbrüche porträtieren sie zukunftslose Gesellschaften, indem vorwiegend apokalyptische Bilder in die Diskussionen eingehen. In diesem Zusammenhang sieht man genauer, dass Ethnien schon ein krebserregendes und hartnäckiges Problem in unseren Gesellschaften sind. Die Zukunft wird möglichst gewiss anfällig für ethnisch verheerende Konfrontationen und spürsinniges Desaster aller Form sein. Falls keine Sinnsuche nach umgemodeltem Bewusstsein, kulturellen Konstruktionsveränderungen, Versöhnung und Teilung der Macht zwischen Einzelgruppen zutage tritt, werden die herabgestuften ethnischen Bürgerkriegskonflikte, Rebellionen und Revolutionen, die noch vermeidlich sind, viele Länder widerstandsfähig in einer längerfristigen Spirale gefangen nehmen. Die Schizophrenie des Leidens, die Diskriminierung, Armut und die bestehende ungleiche Verteilung von Ressourcen werden unablässig alle Sozialschichten dermaßen zerstören. Europa wird sich eines guten Platzes erfreuen und eine verstärkte Form der **Neokolonisation** und **Neopolitik** in Gang setzen. Es ist nicht beiläufig wichtig, zu wissen, dass der heute stark geschwollene ethnische Diskurs bis in die Kolonialzeit zurückreicht, in der es Kriege zwischen Leuten einer Nation gab. Es ist nur zu wissen, dass der **ethnische Staatsdiskurs** scharf in Umlauf gebracht wird und dass man sich in einer Epoche **ethnisch ausgerichteter Regierungen** befindet.

**Der Ethniendiskurs in Afrika ist nur eine Strategie zur Erlangung des eigenen politischen und ökonomischen Interesses**

In heutigen Zeiten leidet Afrika an dem ethnischen Staatsdiskurs wegen des gefühlsmäßigen Handelns der Politiker an Regierungen, die sich demnach zu fanatischen Gefolgsleuten der Diktatur erheben. Sie sind hierbei eine Art stigmatisierende Potenz und genießen Personenkult und Dogmatismus der Angehörigen von ihrer Stammeszugehörigkeit und ihrem politischen Kreis. Ethnien scheinen ihnen als wesensmächtiges Refugium der Herrschaftsprominenz, der Privileggewinnung, des Verzichts auf Demokratisierung und Dezentrierung. So gesehen, ist der ethnische Staatsdiskurs eine Sprache der Herrschaft und Unterdrückung, ein gleichsam kalkuliertes Ideologieprogramm mit ideologisch-politischen eingefärbten Funktionen, ein zynisch atavistisches indoktriniertes Konzept gegen Frieden, Liebe, Humanität und Entwicklung, ein konventioneller Diskurs, dessen Ziel darin besteht, das Volk zu verstreuen und gegen irgendwelches Zusammenleben zu kämpfen, welches wahrscheinlich das allgemeine Verständnis der Beharrung auf Machtwechsel und Umstrukturierung des sozialen Lebens favorisieren könnte. Der ethnische Staatsdiskurs subjektiviert, institutionalisiert und legitimiert soziale Differenzen derart, dass die eine Gesellschaftsgruppe sich aus der Welt fühlt. Dieser Diskurs dient der Verständigung der politischen und ökonomischen Staatsinteressen und entwirft daher eine scheinsoziale Struktur. Sie beansprucht keine objektive Gültigkeit, fingiert in der Tat Handlungen, Zusammenhänge und Tatbestände, die nicht vorhanden sind. Sie dämonisiert darüber hinaus den Geist und bewegt ihn zum scheinradikalen Beharren auf soziale Unterschiede und Ungleichheit. Durch einen solchen Diskurs sind Völker nicht orientiert. Sie sind eher desorientiert und entfremden sich im Blutmeer der Klischees, Vorurteile, Beschimpfungen. Ethnisch-klischeehafte Modellbildungen sind um der Weltschaffungsprinzipien willen antihumanistisch und resistent gegen natürlich moralbildende Anlagen und eingeborene Kompetenzen, die den Menschen zum Menschen machen könnten. Die Genies in der Förderung von solcher Kultur von starkem Ethniengefühl sind im Grunde Feinde der Nation, eben weil ihren Akten willentlich Ungleichheit, Zerstörung und Gewalt innewohnen. Sie sind höchstens aus Kreisen der schlechten Erziehung und ihr Leben entspricht keineswegs dem triardischen Identitätsmodellentwurf, der schon im ersten Kapitel angesprochen ist. Die bewusste Präsenz von Ethnienidee in der Gesellschaft zerbricht weitgehend die soziale Organisation und dient im Extremfall zur Bewahrung der regierenden Machtinstanz. Sie macht alles Mögliche, um resistent gegen den revolutionären Kampf des marginalisierten Standes zu sein. Ich kann nebenbei etwas sagen: Wer eine ethnische Rede hält, der hat etwas auf dem Herzen, was ihn daran hindert, sein Gegenüber zu lieben. In einer Nation ist die Gefahr größer, wenn die regierende Machtinstanz eine Rede mit gemeinschaftsspezifischem Vokabular hält. Und das ist der Fall in unserem Kontinent. Jene Reden führen zum Bruch von gemeinschaftlich-nationsverbundenem Gefühl und massenwirksamen Entscheidungen, sodass eine seelische Unordnung entsteht. Kurzum: Als Ideologie entspricht der Ethniendiskurs keinen sozialen Wirklichkeiten, weil er eher mit den Interessen seiner Anhänger verbunden ist. Das Ethnienkonzept existiert nur dort, wo die rasante Suche nach eigenen und sozusagen egoistischen Interessen, Prestige und Vorteilen vorhanden ist. Es stimmt regelrecht überein mit der vordringenden Ablehnung der Harmonielehre und der rasanten Abwesenheit von brüderlich bescheidener Sympathieskizze und friedensperspektivischen Abhandlungen, die in Mode stehen können.

Das Problem der Sprachen ist ferner von Belang. Unterschiedliche Sprachen, die zum linguistischen Reichtum beitragen könnten, bringen in eher fantastisch übertriebener Weise eine besondere Art der Erziehung und ethnischen Weltanschauung auf, die der menschlichen Existenz selbstverständlich widersprechen. Der Widerspruch entsteht dadurch, dass jene Sprachen (Ethnienreferenzen) eine Kultur entwickeln, wobei Leute sich mit Hassgefühlen und Rachestrategien verbinden, die als Türöffner für Ungleichheiten und Dominanzausübungen fungieren. Das heißt, ethnische Sprachen bestehen niemals darauf, dass der Mensch trotzt alledem über allem steht und überall gleich wertzuschätzen ist. Sie legen eher wohlwollend polyfone Mentalitäten nieder, entwickeln und legitimieren sie, sodass sie sich recht eigentlich als Realitäten entpuppen, deren Vorhandensein fortan über mehrere Generationen hinweg Effekte im Prozess der Sozialspaltung haben, weil man Wirkungen jener festgelegten Effekte (gestaltete und legitimierte Scheinrealitäten) nicht mehr einfach verwehren kann. Jene Sprachen betonen höchstens, dass die Pluralität von Subkulturen in einer Gesellschaft keine ökonomische und kulturelle Entwicklungschance, sondern eine große Gefahr ist. Wenn es einer subkulturellen Gruppe gelingt, in die Macht einsteigen zu können, dann macht sie alles – ungeachtet des Ordnungsbedürfnisses –, damit die Bestallung von Leuten in der Öffentlichkeit nur der entsprechenden

Gruppe angehört. Kein Wunsch nach der sittlich-moralischen anrüchigen Einfügung ins Leben der Bevölkerung und die Kultur des Antropozans spielt hierdurch eine dienende Rolle. Keine Idee und Vorstellung des ephemer befristeten Lebensgangs kommen ins Spiel.

Bevor ich noch darauf zurückkomme, möchte ich noch den Ethnienbegriff, aber diesmal in Verbindung mit selbstentworfenem **ethnischem Humanismus** definieren. Eine Ethnie ist mit einem spezifischen Geist umhüllt, welcher sich von anderen Geistern unterscheidet. Sie erschließt unverkennbar Denktraditionen, wie geschlossene Konventionen (Lieder, Tänze, Spiele, Sitten), Ritualsysteme, Formen, Lebensmittel, Überlieferungstechniken. Sie fordert kaum Innovationen, die erst recht nicht mit ihrer bereits geistigen Fixierung korrespondiert. In Ermangelung der Moral führt, wie schon gesagt, ihr Kontakt mit einer anderen Ethnie zu Aggressionen, außerdem zu einem Zuschnitt. In diesem Zusammenhang kämpft die Ethnie gegen das menschliche Miteinander und für die Selbstbehauptung und Selbstentgrenzung. Jedoch, wie schon im ersten Kapitel gesagt, können ethnische Merkmale bei natürlich-gesellschaftlichen und humanitären Bürgern, die von den triardischen Identitätsformen ausgezeichnet sind, ein Mittel zur sozialen Gesamtbereicherung sein, weil sie keine radikale Idee der platt durchsichtigen Unterscheidungsbedeutung besitzen und auch von der guten Kreiserziehung profitieren. Hierbei kann man von **ethnischem Humanismus** oder **ethnischer Intelligenz** und **ethnischem**

Der ethnische Humanismus bzw. die ethnische Intelligenz ist die grenzenlose Forderung nach Humanität, Freiheit und Liebe, abgesehen von der ethnischen Kugelartigkeit

**Optimismus** sprechen. Dieser Humanismus entfernt sich von aller Form von **ethnischem Triumphalismus** und **Eleganz.**

Der ethnische Humanismus ist eine philosophisch-anthropologische Doktrin, bei der starke Ethniengefühle mehr an Wehrlosigkeit gewinnen. Der ethnische Humanismus achtet die Großzügigkeit, Liebe, Friedensbewahrung und universelle Akzeptanz der anderen in Gemeinwesen zu verankern. Er geht davon aus, dass der ethnische Kreis, der zur Sozialisierung eines Individuums beiträgt, nur ein Zufall ist, weil kein Mensch seinen Geburtsort bestimmen kann. Ethnisch-humanistische Menschen sind positiv denkende und positiv handelnde Menschen, die den **ethnologisch-ethnografischen Relativismus** bzw. **Anthropozentrismus**[6] fördern. Obwohl sie sich ihrer ethnischen Realität bewusst sind, befreien sie sich von dem Ethnienkonzept, weil dessen hartnäckige Betonung zur Ideologisierung der Gesellschaft, nicht zuletzt zur Entstehung entfremdender Konventionen, Phrasen, Klischees und Stereotypen verleitet. Ethnisch humanistische Menschen kämpfen gegen den **ethnischen Triumphalismus**, welcher sich als eine Art pathologische Existenzbestimmung erweist. Die ethnischen Triumphalisten, die fast nicht die Mehrheit der Bevölkerung bilden, bedrohen alle subkulturellen Entitäten. Der ethnische Triumpha-

[6] **Ethnologisch-ethnografische Relativisten** (**auch Kulturanthropologe**) und **Anthropozentristen** verwerfen die Idee und die Vorstellung absoluter ethnischer Wertesysteme und Denkformen, die den Menschen als Angehörigen eines spezifischen Kreises gestalten. Sie gehen davon aus, dass alle Werte in einzelnen Ethnien gleichermaßen gut sind. Für sie ist der Kontakt der eigenen Wertesysteme mit anderen ein Mittel zur Weltoffenheit, zur epistemologischen Entwicklung der Gesellschaft und zum Erwerb neuer erkenntnistheoretischen Rahmenbedingungen.

lismus, eng verzahnt mit politischen Zielsetzungen, hat bislang viele Konsequenzen mit sich gebracht: Der Völkermord in Ruanda im Frühjahr 1994, der Darfur-Konflikt in Sudan, der ethnisch blutige Konflikt und Gewaltkriminalität zwischen Hirten und sesshaften Bauern in Nigeria, die Bedrohung um den Machtwechsel in der Côte d'Ivoire (Elfenbeinküste), der islamische Fundamentalismus und die ethnischen Kriege in Kenia (wegen Ungerechtigkeit und ungleicher Teilung der Landesressourcen) sind ein paar Beispiele. Diese Beispiele können uns schon hemmend dazu bewegen, zu sagen, dass der Ethniendiskurs und die Ethnienelemente keine Scheinrealitäten, sondern evidente Fakten sind. Es ist aber wichtig, zu wissen, dass sich die Objektivität oder das Zustandekommen des Scheindiskurses von der praktischen Umsetzung der Subjektivität jenes Diskurses herleitet. Betrachtet man in dieser Hinsicht den Fall Kameruns, so ist zu bemerken, dass das diskursive Beharren auf Ethniendifferenzen zu ungeheuren Konfliktartigkeiten geführt hat. Das friedliche Zusammenleben der Gemeinschaften ist jetzt zersplittert wegen der fiktiven Begriffe von *einheimlich* und *ausheimlich*. Kotoko- und Musgum-Gemeinschaften im hohen Norden stehen schlichtweg seit April 2006 in konfliktreichsten Spannungen, mal über ein Grundstück, mal über die Kontrolle des Lahayae-Häuptlingstums. Am 5. Dezember 2021 kam es durchaus zu Zusammenstößen zwischen den Gemeinden Choa und Musgum, welcher Duzende Verluste an Menschenleben zur Folge hatte. Viele Kameruner haben demnach den Ort verlassen und waren fluchtartig auf dem Weg in den Tschad. In Südwesten (Akwaya-Örtlichkeit) ist das gleiche Phänomen zwischen Oliti und Messaga Ekol vom 25 bis 26 Juli 2022 zu beobachten, wobei zweiunddreißig Bürger zu Tode kamen. Am 24. Mai 2023 gab es

Konfrontationen zwischen Bulu und Bamun in der Stadt Sangmélima (Südkamerun). Grund dafür ist der Tod eines Bulu-Mannes, der Klamotten auf dem Markt verkaufte. Seine „Brüder“ halten die Bamun-Leute für schuldig. Solche unterschiedlichen Scheinkonflikte sind genauer genommen das Ergebnis der schlechten Erziehung, die eine koloniale Konsequenz ist und afrikanische Länder stets zerstört.

Nicht erst seit gestern oder heute, offensichtlich aber seit Längerem, setzen sich afrikanische Gesellschaften aus subkulturellen Entitäten zusammen, die ehedem in friedlicher Berührung zusammengekommen waren und ein gutausstrahlendes multikulturelles Ansehen gezeigt hatten. Wie kann man denn heute die Tatsache verstehen, dass in der sozialen Arena nur ethnizitätsbedingte Diskurse, entfremdende Ideologien und antimenschliche Gespräche stets eine Schlüsselstellung gewinnen? Was passiert in der Seele, wenn ein handlungsfähiges und sogleich linguistisch-performatives Diskurssystem die Gesellschaft kraft ihrer Performativität ungeachtet der sozialen Wirklichkeit zerstört? Entspringen die beobachteten widerständigen Spitzenpositionen dem Fortbestehen von unabänderlichen und hochgetagten politischen Regimen und deren Machtprätendenten und Anhängern, die seit Jahrzehnten an der Macht in Afrika sind? Das subtile Verständnis dieser vor allem bohrenden Fragenserie ist entbehrlich. Man kann die Frage mit „Ja“ beantworten, weil eine sehr lange Regierungszeit einer politischen Partei an der Spitze einer Gesellschaft kein Glück mehr für die Bevölkerungszusammensetzung ist. Ich muss sagen, dass, bevor diese **gerontokratische Staatlichkeit** bzw. **soziale Verwandtschaftsregierung** in unseren Kontinent herabkam, die Beziehungen zueinander friedlich waren. Man erfuhr glücksbringende Assimilationsformen inmitten der kulturellen Unterschiedlichkeiten, die niemand löschen konnte und die trotzdem möglichst genau als Mittel zur Entwicklungsverstärkung galten. Wie es sich heute trifft, die Macht von der ungeheuerlichen ethnischen Hegemonie und Gedankensplitter (völlig entfremdender und fürchterlicher Ideenordnung) ist sehr gefährlich und hat keinen anthropologisch gerechtfertigten Scharfsinn. Der Fehler, dem die Bevölkerungsmehrheit bemerkenswert verfällt, ist, dass sie jetzt in ihrem Alltag ohnedies versucht, den Scheindiskurs der Differenzierungen schludrig zu legitimieren, während doch die Regierung vielfach alles macht, um ihre Macht dauerhaft zu konservieren und alle in Armut und Gewalt einzuführen. Die sozial gemodelte Legitimation der Ethnien führt auch zur Resignation, zum antipathischen Gefühl und noch ferner zum verwirrenden Kontrollverlust der Selbst, weil es Schichten gibt, die die Differenzierung und Spaltung widerwillig sehen und sich manchmal zu ihren Naturanlagen hingezogen fühlen, welche ihnen keine sozialen Unterscheidungen erlauben. Die Revolte für die Bildungsliebe und -möglichkeit muss erreicht werden. Die Gottesfurcht muss als Säugling zur Afrika-Welt kommen. Die Geheimnisse von Menschennatur, Menschen- und Vernunftwürde müssen wiederbelebt werden, damit bevorstehende Rebellionen und Kriege nicht die Bevölkerungen verschlingen. Solche Wunschbilder sind eng verknüpft mit der **anthropologischen Kulturfrage**.[7] Es mag hierfür unbezweifelbar sein, dass sich anthropologisch-moralische Mängel und schlecht gemodelte Mentalitäten stets entwickeln.

---

[7] Die **anthropologische Kulturfrage** als selbstformulierter Begriff ist eine Denkrichtung, welche auf Reflexionen um die Natur der Handlungweisen des Menschen basiert. Im zeitgenössischen Kontext strebt diese

Die anthropologische Kulturfrage ist mit dem Ethniebegriff eng verknüpft und lässt die Tatsache ans Tageslicht treten, dass Ethnien bei Weitem eine Art „hysterische" und „heraufziehende Barbarei" sind, die zugleich alle Hirne von der Geburt in fatalistischer Weise zerstört und zur Ablehnung der unterschiedlichen Bevölkerungsschichten führt. Es zeigt sich daran, dass diese heraufziehende Barbarei auf wildtierische Menschen verweist. In diesem Zusammenhang kann zwischen **schlechter** und **guter Kultur** unterschieden werden. Die schlechte Kultur, hier verstanden als Zerstörung der guten Kultur, basiert in aller Regel auf schlechten Konventionen und erzieherischen Mitteln zu Evasionskämpfen und Realisierungen von Antagonismen, wodurch die Erziehungseuphorie und Überlieferungsmodi aus anthropozentrischen Wegen geraten. Es ist aber auch zu sagen, dass ein solches Erziehungsmittel Menschen und deren geistige Kondition nicht nur lähmen, sondern auch derart töten kann, dass Körper allein als wandelnde Leichname in der Welt zu betrachten bleiben, weil sie genauso wie einfache Waldtiere agieren und handeln. Beiläufig macht eine schlechte Seele den Körper zum gewaltfavorisierenden Instrument. In diesem Sinne ist zu verstehen, dass heutige Kriege, soziale Krisen, innerliche Blutskonflikte und armutsgerechte Rivalitäten möglichst genau etwas mit schlechten Seelen, schlechten ethnischen Mentalitäten und

**Die schlechte Kultur, von antimenschlichen Gruppen abkommend, ist die Zerstörung der guten Kultur, welche sich ihrerseits als Hybridität in heterogenen Gesellschaften versteht und Frieden in Gemeinwesen gewährleistet.**

Kulturfrage nach der Versöhnung des Menschen mit seinen inneren und sozialen Trieben.

schlechter Erziehung zu tun haben. Die schlechte Kultur bedeutet ebenfalls Kulturzerstörung, weil sie das hybridisierte Konzept und das Zusammenkommen von Schichten schwerlich auffasst.

Die gute Kultur ihrerseits ist wesentlich mit Hybridität oder Pluralität in dem Sinne verbunden, dass alle wegen alltäglichen Miteinanderseins homogen auftreten und an gemeinsame Schicksale herantreten. Das Miteinandersein und Interagieren gestaltet das gemeinsame Alltagswissen, die gemeinsame Alltagserfahrung und -geschichte. Es kämpft weitgehend für die **hybride Subsistenzsicherung** und eine Gesellschaft mit Gerechtigkeit und ohne Konfliktstellung. In diesem Zusammenhang bedeutet die gute Kultur Integration, Toleranz der anderen, Akzeptanz der sozialen Entwicklung, Akzeptanz von regierendem Machtwechsel, Verfestigung des **Kulturterritoriums** und Institutionalisierung des Friedens. Ich verstehe unter Kulturterritorium eine Art Homogenisierung der kulturellen und rivalitätsfähigen Schichten in einer Nation. Homogenisierung bedeutet keineswegs Verschmelzung, Bedrohung und Ausrottung der heterogenen kulturellen Entitäten. Sie bedeutet eher Verschmelzung des nationalen Handelns, Agierens und Denkens, indem alle ethnischen Identitäten sich als eine plurale Gemeinschaft verstehen und ökonomische, politische und kulturelle Bestrebungen der Nation in Erwägung ziehen. Wenn ich davon ausgehe, dass keine Gesellschaft in der Lage sein kann, ihre subkulturellen Identitäten auszurotten, dann möchte ich genau zeigen, dass jede Ethnie irgendwie ein anthropologisches Potenzial und bestehende Ritualsysteme hat. Was in einer Ethnie umgemodelt werden kann, ist nur die schlechte ethnische Erziehung, die den Menschen und seine naturfähigen Anlagen verdirbt. Jede Ethnie ist dazu befugt, sich von

Beängstigendem, Befremdendem, durchaus extrem Frustrierendem und Verstörendem zu entfernen und auf die Menschenverachtung mit Vehemenz zu reagieren, indem sie die schon benannte gute Kultur befördert. Diese gute Kultur ist das Resultat der Verbindung natürlicher Triebe mit den sozial erworbenen Trieben, weil sie dem Menschen hilft, dessen irdische Rolle der Friedensverbreitung zu verstehen. Der gute Kulturmensch bzw. kulturnatürliche Mensch findet in Ethniendiskursen keine pragmatischen Realitäten. Er sehnt sich nur nach dem Entwickeln ökologisch-ökonomischer Prinzipien, nach republikanischen Ideensammlungen und Nationsliebe (Patriotismus).

**Die außer-kontinentale Hilfe in Afrika ist eine Antihilfe, eine Hilfe gegen die Entwicklung Afrikas.**

Damit die Zeit einer neuen, vielleicht wiederbelebten Version der afrikanischen Geschichte doch bald kommt und keine **ethnisch apokalyptische Ära** herabkommt, müssen viele ethnische Realitäten mit anthropologischen Konstanten verbunden werden und den Humanismus befördern. Man beginnt schon einzusehen, dass ein paar möglicherweise bereits vorhandene latente und gleichsam hermeneutische Schritte in ein paar afrikanischen Ländern schon bekannt sind und ausgebreitet werden können. Ein paar streng gewordene Staaten sind sich schon zum Beispiel einig, dass bisweilen die Hilfe von anderen außerkontinentalen Gesellschaften eine Antihilfe bleibt. Diese Initiative ist gleichsam ein Weg zur **Neudefinition des Verhaltens des afrikanischen Menschen gegenüber dem afrikanischen und dem anderen Menschen**. Andersherum: Der harte Kampf gegen die **westliche Antihilfe** kann geradezu als Mittel zum engen Beisammenhocken aller Ethnien und

Gemeinschaften in Einzelländern und als Grundlage der **solidarischen afrikanischen Bürgergemeinschaft** betrachtet werden. Ein Vorteil einer solchen neuen Gemeinschaft besteht darin, dass sie dazu befugt sein kann, eine teamfähige Nachkommenschaft an den Tag zu legen, welche im eigentlichen Sinne umherblickend ein allzu lebendiges Gefühl grübchenhaft hegen, eine legitime, aber auch menschenfressende Gesittung und fast schon überholte Lebensgewohnheit ganz kritisch durchdenken und diese zur Abdankung zwingen kann. Hiervon können auf ganz friedliche Weise neue Initiativen und Programme zum Mentalitätswechsel oder Seelenheil auf die soziale Schaubühne hingebracht werden. Auch wenn die Heilung der über Dezennien hinweg bestehenden Seelen zu hart ist, können nachkommende Generationen neue menschenfreundliche Maßnahmen ergreifen. Sie können die bisherigen Schreckbilder hintanhalten und neue Grundregeln der sozialen Abwandlungen formulieren, die ebenfalls ‚die natürlichen Seelen' mitberücksichtigt, mit welchen sie in die Gemeinschaft gekommen sind. Es geht um die Abholung der ‚friedenssüchtigen und gemeinschaftsfreudigen' Seele. Doch damit alles in Erfüllung geht, ist es auch gut, dass diese Rückkehr auf Verhandlungen und legitimatorischen Gesellschaftsverträgen basiert. Die Philosophie des Mentalitätswechsels verweist in diesem Sinne auf die Zeit der moralischen Revolution gegen die bestehende antimenschliche Revolution der Zeit. Sie bedeutet einfach **Neuanfang**.

## I.2 Ethnische Erziehung und Naturentscheidung: Differenzierung des Undifferenzierten und das Gesetz der unmöglichen Möglichkeit

Gegen die Natur des Menschen wegen der sozial erdichteten Konstruktion und Mystifizierung der Wirklichkeit durch schlechte ethnische Vorschriften kämpfen bedeutet, gegen seinen inneren Frieden und Harmonie wegen der rebellischen Erhebung seiner verdrängten Identität kämpfen. Es bedeutet hierin auch, sich in dem Fluss der enttäuschenden Primitivität, Ignoranz, Asozialität und Aberglaube zu befinden. In Ethniengesellschaften sind die Naturtriebe des Individuums unbefriedigend, wenn ethnisch-erzieherische Anlagen einen Einfluss auf sie haben. Bevor ich diese Aussagen entwickle, ist es wichtig, zu sagen, dass dieser Teil sich mit einer fast schwer verständlichen Konzeptionierung auseinandersetzt. Wie ich schon argumentiert habe, kann die ethnische Erziehung nur dann zur positiven moralisch-humanistischen Entfaltung des Menschen beitragen, wenn der ethnische Kreis Vorstellungen und klischeehafte Gedanken an die anderen nationalen Ethnien relativiert. In diesem Zusammenhang befreit der ethnische Relativismus das Individuum und etabliert Frieden und Ordnung in seiner Natur und der Gesellschaft. Dieser Teil widmet sich durchaus der Frage danach, wie die schlechte ethnische Erziehung und klischeehafte Bilder den sozialen Kreismenschen trotz seines Willens desorientieren und zur unmöglich-möglichen Realität führen können. Deswegen ist die selbstentworfene unmögliche Möglichkeitstheorie von Belang. Um diese Theorie ans Licht zu bringen, basiert meine Argumentation auf dem schematisierten klaffenden Widerspruch der Liebe zwischen Angehörigen unterschiedlicher Ethnien. Dieser Widerspruch kann sich durch das folgende Schema bewähren.

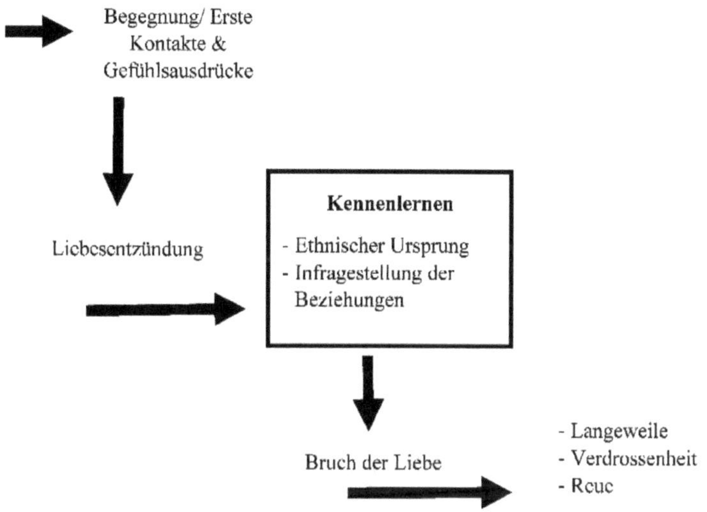


**Abb.2: Die unmöglich-mögliche Liebe**

In den darauffolgenden Schritten möchte ich zuallererst die Liebesmerkmale von zwei Personen aus unterschiedlichen Gemeinschaften in einem operativen Dialog zum Anlass nehmen, um das Schema der unmöglich-möglichen Liebe beschreibbar und nachvollziehbar zu machen.

## Operativer Dialog

### Erster Kontakt

**Mann**: Du bist sehr schön! Es ist mir eine Freude, dir auf meinem Weg zu begegnen.
**Frau**: Echt? Wow! Du bist sehr nett. Danke fürs Kompliment.
**Mann**: Nichts zu danken.

### Gefühlsausdrücke

**Mann** (*während der zweiten Begegnung*): Was sagst du? Ich möchte, dass wir zusammenkommen.
**Frau**: Wir können zusammensein. Du bist eine gute Person.
**Mann**: Wow! Das freut mich sehr.

### Liebesentzündung

**Mann:** Ich liebe dich, Schatz! Du bist der Honig meines Lebens.
**Frau:** Ich dich auch, Schatzi. Ich wünsche uns ein glückliches Leben in der Zukunft.

### Kennenlernen

**Mann**: Woher kommst du sonst?
**Frau**: Ich bin aus der X-Gemeinschaft. Und du auch?
**Mann**: Du aus … was? Hm! Ich komme aus der Y-Gemeinschaft!
**Frau**: Unmöglich …! Unmöglich…

**Mann**: Hm! Unsere Liebe hat kurze Beine. Ich weiß nicht mehr, was ich jetzt sagen kann. (*Entstehung der psychischen Störung und die Idee des Sich-von-ihm-trennen*).
**Frau**: Ich auch. (*Bittere Enttäuschungen, Verdrossenheit, Langeweile etc. Idee des Sich-von-ihr-trennen*)

**Begegnungen in der Gesellschaft sind naturgewollt und zufällig. Sie sind ein Zeichen dafür, dass alle gleich sind und dass die Ethnienexistenz eine menschliche Vorstellung ist.**

Die Dialoginszenierung über die Thematik der Liebe ist nur ein Fallbeispiel von mehreren Fallbeispielen in afrikanischen Gesellschaften, die die gesellschaftlichen Entwicklungen auf allen Ebenen bremsen. Der Dialog korrespondiert mit dem Schema und macht mögliche Darstellungen des Liebesverlaufs zwischen Liebhabern deutlich. So gesehen sind allzu viele anekdotenhafte und dramatische Liebesgeschichten zwischen Völkern im Alltag zu finden. Die Frage nach der Herkunft stellt die Liebesbeziehungen auf den harten Prüfstand. Wenn man zunächst einmal die Phase des ersten Kontakts in Betracht zieht, dann ist es klar, dass die Existenz ein Zufall ist und dass **Begegnungen** in der Gesellschaft naturgewollt und zufällig sind. Die Zufälligkeit verweist hierbei auf die Gleichheit und Gleichberechtigung und ist daher resistent gegen alle Formen der Beharrung auf subkulturellen Differenzen, weil alle in biologischem Aussehen gleich sind und sich als Mensch verstehen. Die Gleichheit führt ohne Zweifel zu Gefühlsausdrücken und Liebesentzündung, einem Zeichen der menschlichen Harmonie und Befriedigung. Harmonie, Befriedigung, innerer Frieden, die wegen dieser Gefühlsausdrücke dem geliebten Individuum helfen können, sein eigenes Leben zu pflegen, sind plötzlich vertilt und vergraben, weil es nun das Gegenüber im Entdeckungsprozess der jeweiligen ethnischen Ursprünge und der darunterliegenden Stereotypisierungen als „fremdes Wesen“ betrachtet. Dies wegen der vorherrschenden Selbstglorifizierung der eigenen Lebensweisen und stetiger Simplifizierung der anderen.

**Ethnische Zwangsvorstellungen sind ein Mittel zur Entfremdung menschlicher Naturanlagen**

Die ethnische Entdeckung ist eine Art Defizit des Vertrauensverhältnisses. Sie bietet den Liebenden die bittere Kluft und offenbart die abrupte Trennung. Darauf basierend verhindern in heutigen Zeiten die Stammesunterschiede viele engagierte Verliebte, auch bei stark entwickelten Liebesgefühlen. Sie lassen immer einen unüberwindbaren Abgrund durch die mörderische Scheidungs- oder Trennungsidee entstehen. Die Trennung entsteht meistens, da die Verliebten sich vorwegnehmend von den jeweiligen Eltern, deren Fluktuation und der harten Vermeidung irgendwelcher Vermählungsform erpresst fühlen. In der Tat sind immer hassgesättigte Eltern der Ansicht, dass ihre Töchter und Söhne anderer ethnischen Gruppen dem gemeinsamen Zusammensein nicht würdig sind. Ihr fester Glaube an Fehlunterschiede fechten in hohem Mass die Liebenden an. Manchmal reagieren sie böse, ohne den geringsten Versuch zu machen, die ihre Töchter heiratenden Personen zu verstehen. Solche Eltern haben in Hinsicht meiner philosophischen Denkrichtung nicht alle Eigenschaften des triardischen Identitätsentwurfs mit dessen Merkmalen und sind Nichtmenschen. Das alarmierende Ergebnis der Bewusstmachung der **ethnischen Zwangsvorstellungen** ist die innere Abrechnung mit anderen. Diese innere Abrechnung ist eine psychologische Verletzung, denn sie hinterlässt toxische Effekte der Beziehungslosigkeit, Verlorenheit, Verdrossenheit, Langeweile, Reue, Einsamkeit und Schwermut. Die Liebhaber sind wegen des forcierten Bruchs ihrer lieb gewonnenen Beziehung psychologisch verstört und zerrissen. Die Sehnsucht nach dem unmöglichen anderen (dem normalerweise möglichen Partner je nach den Naturtrieben) und dem Versprechen einer guten Lebensgeschichte, die geradezu unangetastet bleibt, ist ein unbewusster Kampf gegen kugelartige Stammesorganisationen und die Unsinnigkeit bzw. Nichtigkeit des Lebens. Dieser Kampf findet im Zeichen des Menschheitsausdrucks statt, steht aber auch für die implizierte Hinterfragung der sozial-kulturellen Irrtümer, Verfehlungen und Verlockungen. Sie dient unbewusst der Befreiung des Indivuums und dem Wunsch nach einer möglichen und universellen Form des Zusammenlebens und einer besseren planenden Neuordnung der Gesellschaft, die alte Strukturen zerschlägt.

Wie schon mit anderen Worten gesagt, entstehen am Ende des Bruchs der Liebe traumatisierende und schmerzhafte Erinnerungen. Zum Beispiel Erinnerungen an die intime Atmosphäre, aber zugleich daran, dass der recht gezielte Partner aus einem anderen Kreis der unmöglich-mögliche Partner des Lebens ist. Nur die Lebensformen, die in dem eigenen Kreis nicht immer die erwünschten und besten sind, etablieren sogleich den psychischen Bruch, auch wenn psychologische Parameter die Entscheidung nicht einfach akzeptieren wegen der schon gemeinsam angepassten Wünsche und Träume von besseren Hochzeitszeremonien zum Beispiel und besserer Zukunft. Durch diese anschaulich-dramatische Bemerkung ist es klar, dass der Naturmensch unvollständig und leer ist, weil ihm seine Naturtriebe drohen und ein Leben für ihn bestimmen, welches er zugleich will und wegen gesellschaftlicher Konventionen nicht will. **Das innerlich Gewollte ist wegen der äußerlichen Konventionen nicht gewollt.** Bei genauerem Hinsehen verweist diese Formel auf die **unmögliche Möglichkeitstheorie**.

Wie das Beispiel der Liebe möglichst genau zeigt, ist die unmögliche Möglichkeitstheorie eine Theorie der Feststellung soziokultureller Lücken und Leerstellen. Die Theorie weist darauf hin, dass afrikanische Gesellschaften wegen falscher und scheinbarer Differenzierungs- und Abgrenzungsformen das Wichtigste ausblenden, was normalerweise zur kontinentalen Entfaltung beitragen kann. In dem politischen und akademischen Betrieb sind zum Beispiel die Intellektuellen, Akademiker und afrikanischen Ideenleute nicht akzeptiert. Ihre möglichen und unbestreitbaren Kompetenzen sind wegen Affinitäten unmöglich. In diesem Sinne ist die ethnische Erziehung ein Kampf gegen die Naturentscheidung, weil sie das Undifferenzierte differenziert und aufgrund der starken Zugehörigkeitsgefühle inkompetente Schichten der Gesellschaft sublimiert und ausstrahlen lässt. Was man ganz seltsam in Ethniengesellschaften findet, ist die Tatsache, dass sie über Entwicklung in allen Bereichen sprechen.

Es ist wichtig, hervorzuheben, dass Ethnie und Entwicklung grundlegend inkompatible Konzepte sind, deren Zusammenrührung ausschließlich zur Regression und Aggression eines Gemeinwesens führt. Niemand kann etwas über Entwicklung hören und einfach still bleiben, wenn er von sozialen, ökonomischen und politischen Aktivitäten und

Ambitionen ausgeschlossen ist. Da beim Ethniebegriff mit dem Geist und Bewusstsein zu rechnen ist und der Entwicklung als Resultat des geistigen Habitus zu verdanken fungiert, kann keine Entwicklung in Ländern der **Ethniengeister** und **ethnischen Grenzziehungen** zutage treten. Die Entwicklung kommt dem Geist des Menschen ab: Kann nun ein Geist, der von dem ethnischen Gift zerstört ist, entwicklungspropagierend sein? Keine Nation kann sich ökonomisch, kulturell, politisch und auch anthropologisch entwickeln, wenn ethnisch-mentale Prägungen und Differenzen sich nicht abwechseln. Sozialethnische Diskurse machen schwachsinnig und begünstigen die soziale Strukturzerrissenheit. Wenn die an der Spitze des sozialen Lebens stehende ethnische Gruppe alle aus jener Gruppe schwachsinnig macht, indem sie sich in der Selbstglorifizierung geißeln, so kann eine blinde Gefolgschaft der amtierenden Ethnie entstehen. Die Suche nach Moral und Vollkommenheit ist nicht mehr vordergründig, wenn man genug zu ‚essen' und viele Zauberschuhe und Krawatten hat. In diesem Sinne scheint es mir auf jeden Fall bedenklich, dass nur eine vernunftorientierte und ethnienfreundliche Gruppe mit gemeinschaftsbildendem Geist, in der alle Volksgruppen zeitgleich in Einklang miteinander stehen und gemeinsame Serviceleistungen haben, mächtig hoffnungsvolle Mittel von bevorstehender Sozialträchtigkeit vorschlagen kann. Es lohnt sich nebenbei zu wissen, dass dieses Buch Argumente entwickelt, die ohne Zweifel zum Epochenumbruch avancieren und gegen ethnischen Einschlag sind. Es geht um eine zielbewusste Gelegenheit, ein

**In Ethnienländern, wo die schlechte Erziehung vorherrscht, kann man nicht von irgendwelcher Entwicklung träumen.**

vernünftiges Vorhaben zu neuen fruchtbaren Gesellschaften.

Wenn man noch auf das Schema der Liebe zurückkommt, dann kann man eben durchaus auf die Idee kommen, dass fixierte Entscheidungsprozesse nichtsdestotrotz entstehen und sich entwickeln können, wenn die Liebenden sich einfach als Angehörige einer Nation, einer Welt verstehen. Aber nicht leugnen lässt sich, dass diejenigen Liebenden, die Widerstand in den Familien bislang geleistet und die Heirat ohne Geständnis der Familienmitglieder bestätigt haben, keinen anderen Weg gefunden haben, als revolutionierend aus den Familien auszubrechen. Obzwar diese harte Entscheidung zur Akzeptanz von innerer Gewalt und Aggression führt, belichtet sie die Inhumanität von ethnischer Eleganz, ethnischem Triumphalismus und ethnischen Lebensnormen. Ethniengesellschaften sind in diesem Sinne Gesellschaften, in denen Freude, Freiheit, Fröhlichsein, Sicherheit und Zufriedenheit der Menschen wegen depersonalisierenden Hindernissen, entfremdendem Karrierismus, Stimmung und Laune auf ein Minimum verengt sind. Sehnsüchte nach Möglichkeiten des Zusammenmachens und -findens sind immer zuschande gemacht und scheinen unmöglich. Die Sehnsüchte nach jenen Möglichkeiten können zum Begriff **Machtbarkeitsdenken** führen. Diese Art des Denkens bedeutet zugleich, dass die Ethnienverflechtungen und sonstige Verquickungen machbar sind und dass die Degradierung der ethnisch-kulturellen Handlungskompetenzen infrage gestellt werden können. Die programmatische Konzeptionierung dieses Denkens ermöglicht ohne Zweifel den Untergang und die Dekadenz der zivilisatorischen Maßnahmen, die bestehende soziale Ordnungskritik, die Abschaffung der dichten Fundamentalpolitisierung der Gesellschaft, der Lebensraumideologisierung, der Institionnalisierung des ethnischen Hasses und die Beförderung des **nationalen Aktionismus**. Die Philosophie des Mentalitätswechels kann vielen in dieser Hinsicht als ein utopisch-kritisches Vorhaben scheinen. Ich muss hierdurch sagen, dass sie, wie genügend beleuchtet, die Frage reflektiert, wie die verlöschten Seelen neugesteuert werden können.

## I.3 Von der Gesellschaftsdiagnose zur Gesellschaftsprognose

Viele Bürger in afrikanischen Gesellschaften hegen unerträgliche Wutanfälle, steilen Jähzorn, wiederkehrende Klage, Mühsal, Neigung, Neid, Rachsüchtigkeit, Radikalisierung und Ressentiments gegen die ideologischen und propagandistischen Grundlagen der Regierungen und deren mentalitätsgebundene Rahmenbedingungen, die reichhaltige Ursachen sozialer Misere und Ungleichheit sind. Existierende regierungskritische Demonstranten, Rebellen, ethnisch-angerichtete Gruppierungen, gewaltbereite Extremisten und andere aufgebauten Milizen bilden ausgerechnet die Voraussetzung für Staatserschütterungen, Verschwörungen und Komplotte des Staatsumsturzes überall. Sie denunzieren mehrheitlich die schlecht legitimierten Verhaltensbilder der Regierenden und deren gleichgültige Sympathisanten und Royalisten, die hartherzig für soziale Etikettierungen, ethnische Zuordnungskriterien, Trennungen aller Art und Selbstbereicherung schwärmen. Als Ergebnis vor solchen Verhaltensverdorbenheiten wird der Waffenkauf zum Trend. Denunziationen, Tiraden, Streitereien sind aber auch in ein paar Diaspora-Gemeinden zu finden. Wie ich schon auf anderen Seiten gesagt habe, kann sich die Hochrechnung der Zukunft Afrikas durch die Auswertung solcher zunehmender Alltagsvorkommnisse nicht erübrigen.

Die Zukunftsaussagen haben hiermit damit zu tun, dass Bürgerkriege, Massenmorde, Genozide wie Vulkane oder Springfluten überall ausbrechen und unüberwindbar viele zerschmettern werden, falls neue politische Entscheidungssituationen, Machtkonstellationen und neue Wirtschaftspläne nicht in seltener Eindringlichkeit zutage treten. Niemand wird den längerfristigen Verlauf der Macheten gegen Waffen, Waffen gegen Macheten, Macheten gegen Macheten und dann **die Zeit der Afrikanisierung von europäischem Nazismus, Shoah und Allmacht** stoppen. Alle werden Zeugen der Wiederbelebung der in Rwanda spezialisierten Macheten im Frühjahr 1994 miterleben. Falls man mir vorwirft, unsere Zukunft dystopisch zu projektieren, würde ich erwidern, dass die Distanznahme von einer derartigen Prophetie ein falsches und unlogisches Vorgehen ist und eine totale Ablehnung des aktuellen Kultur-, Gesellschafts- und Geschichtsverständnisses bedeutet. Befördert man dieses Verständnis überall, so kann man sich eher **die Zeit eines Sichhineinfühlens in das Kollektiv** wünschen. Andersherum: Auch wenn sich meine Vision von Schrecklich-Dystopischem und Vorhersage des Bildes von ethnischen Bürgerkriegen und politisch-gesellschaftlichen Instabilitäten in einzelnen zukünftigen Gesellschaften als revolutionär und provozierend erweist, haben sie eine sozialtherapeutische Funktion. Sie kämpfen im weiten Sinne gegen bevorstehende kaltblütige Gewaltverbrechen, gegen Vernachlässigung des gemeinsamen Tuns, und sind daher Erfolgschancen von Verbesserung der hochaktuellen Lage und Forderung nach friedlichen Faszinationspotenzialen, neuen Handlungserwartungen und neuem Alltagshandeln. Die Zukunftsprognostik ist ersichtlich durch das folgende Schema, welches das Alltagsleben und –handeln auszeichnet.

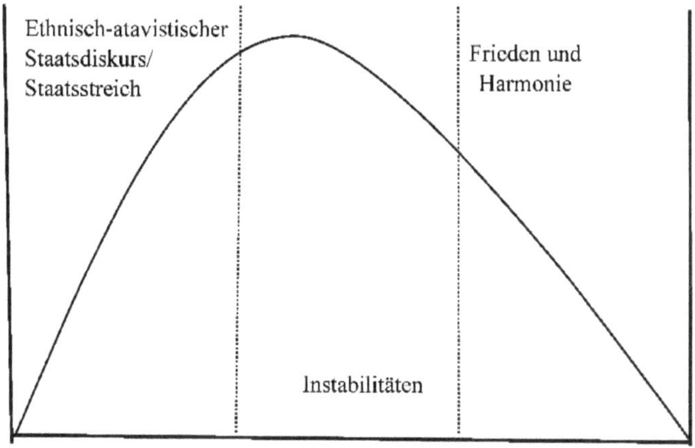


**Abb.3: Wahrscheinlichkeit der (ethnischen) Bürgerkriegskonflikte in der Zukunft Afrikas**

Angesichts dieser Abbildung ist die Wahrscheinlichkeit der bevorstehenden Bürgerkriegskonflikte groß, weil viele Staaten aufs Äußerste im Abgrund wegen der Dominanz von Instabilitäten, Revolutionen, Rebellionen und Terrorismen (auch Staatsterrorismen) stehen: Niger, Somalia, Gabun, Ostkongo, Kamerun, dem Tschad, Nigeria etc. In Kamerun zum Beispiel, einem zentralafrikanischen Land, sind wegen des Bestehens der sogenannten anglofonen Krise und Boko Haram grauenhafte Massaker und unzählige friedensbedrohende Aktivitäten zu erfassen. Das politische Machtproblem und der Versuch der Umsetzung der *gré-à-gré*-Herrschaftsform sind einer der bekannten Gründe. Die *gré-à-gré*-Regierung lässt sich hierbei definieren als eine gesetzwidrige machtpolitische Ideologie, wobei der Präsident seinem Sohn oder einer anderen Person aus seinem politischen Kreis die Macht übergibt. Die gesetzwidrige Machtübergabe ist eine Form der Alleinherrschaftssicherung und basiert keineswegs auf demokratischen Prinzipien und Wahlmöglichkeiten. Als Ideologien haben wir Biyaismus (Paul Biya), Frankismus (Franck Biya) und Jachabi (Chantal Biya). Diese politischen „Familienmachtbewegungen" sind eine Manipulation der ganzen Gesellschaft und eine Bedrohung von Patriotismus, Freiheit und innerem und sozialem Frieden. Auf ganz leuchtend helle Weise sind sie Ursachen der erheblich starken Instabilitätseskaltionen, begleitet von ethnisch-atavistischen Staatsdiskursen, anderen Feindbildern und Staatsstreichen. Wegen der langen Regierungszeit der Odima-Familie und der langen gabunischen Leidenszeit ist der Staatsstreich am 30. August 2023 zum ersten Mal in Erfüllung gegangen. Gabun steht jetzt unter der Militärregierung von Brice Clotaire Oligui Nguema. Dieser gabunische Staatsstreich lässt sich in dem Sinne rechtfertigen, dass das erbitterte Volk seine Rechte an sich nehmen will. Der gabunische Staatsstreich hat Kamerun in Panik geführt, weil sich das allgemeine Durcheinander in der Regierung und die Schrei-Freiheit der Bevölkerung dem gabunischen Klima ähneln. Viele fragen nun nach dem Erben des aktuellen Präsidenten und prognostizieren stets das Jahr 2025, ein Jahr der Präsidentschaftswahlen. Ein Staatsstreich à la gabonaise kann sich in groben Zügen bewahrheiten, falls man die aktuellen Konstellationen, sozialen Spannungen und armen Schichten gesellschaftlicher Erfahrung nicht verbessert.

Obwohl Sahel-Länder unter Militärregierungen stehen, verschärfen sich auch Instabilitäten, Umbrüche, Kriminalitäts- und Terrorismusfälle in jenen Ländern. Die (islamistischen) Terrorgruppen benutzen jetzt andere Strategien und

Kriegstechniken. Der Waffenkauf hat sich stark erhöht und die Sicherheitskontrolle der Zivilbevölkerung und der Regierung ist nicht zufriedenstellend. Die Verschiebung der Wahlen in Mali von Assimi Goïta, die für Februar 2023 geplant waren, hat schlimmste Zusammenstöße mit sich gebracht. Die postkoloniale Expansion Malis ist seit September 2021 ganz ersichtlich. Es gibt schon eine militärische Zusammenarbeit zwischen Mali und Russland durch die russische Söldnergruppe Wagner. Auf die Frage hin, ob diese heutige Kooperation auf historischen Beziehungen seit der Unabhängigkeit des Landes basiert, gibt es keine Antwort. Was durchaus festzustellen ist, ist aber die Tatsache, dass die Sicherheit der Bevölkerung trotz dieser paramilitärischen Gruppe nicht gewährleistet ist. Die Gruppe hat eine feindselige Stimmung gegen Frankreich entwickelt und dies hat zum Abzug der französischen Truppen aus dem Land im Jahr 2022 geführt. Nebenbei hat sich schon die Gruppe Wagner in Afrika verbreitet; sie hat jetzt politische und ökonomische Einflussnahmen in vielen Ländern: der Demokratischen Republik Kongo, Kamerun, Äquatorialguinea, Sudan, Madagascar etc.

In Niger haben sich auch Instabilitäten und Terrorismusfälle verschärft. Dem Putschisten Abdourahamane Tiani ist es gelungen, den demokratisch gewählten Präsidenten abzuziehen; und dies durch gewaltige Aktionen. Die Bürgerrechtsorganisation Alternative Espaces Citoyens wünscht sich daher nicht mehr die Präsenz der französischen Streitkräfte im Land. Deswegen sind die französischen Truppen dazu gedrängt, sich von allen kämpferischen Aktivitäten zu entfernen. Zu sagen ist indes, dass die innere Sicherheit des Landes seit dem Militärputsch im Juli 2023 und der Festsetzung Mohamed Bazoums auf ein Minimum reduziert ist.

Um sich nicht so lange auf die Lage Nigers zu heften, ist auch ein Blick auf Burkino Faso wichtig, da die Militärregierung von Ibrahim Traoré seit Januar 2022 immer noch in grauenhaften Konfrontationen steht. Der Waffenkauf nimmt stets zu, weil es viele Terroristen in der Provinzhauptstadt Fada N'Gourma im Osten des Landes gibt. Ist eigentlich die militärische Lösung der Konflikte in der Sahelzone eine geeignete Methode der Friedenschließung oder Friedensverhinderung? Ich bin mir nicht sicher und kann nur in dieser Arbeit Wege zur Umerziehung anbieten, die auf innerer Hinterfragung der eigenen Rolle in der Welt basiert.

Die nachgerade beispielhafte Diagnose gesellschaftlicher Situationen hilft mit Bestimmtheit – wie ich schon genügend gesagt habe – bei der logischen Konzeption und Vorausschau der Zukunft unserer afrikanischen Länder, bei den wesentlichen Zukunftsvorstellungen (historische Zukunftsereignisse erweisen sich dadurch nicht glücksbringend), neuen politischen und militärischen Entscheidungen, Regierungserklärungen und bei der Umsteuerung von politischen Parteien, Wählern und mentalen Gegebenheiten. Die eindeutige Alternative zu dieser Umsteuerung ist nämlich die Frage danach, ob die Friedenssuche immer militarisiert und von Waffen begleitet werden muss.

## II. Macht und Gesellschaft

Wer in die Machtwelt einer Gesellschaft triumphierend einsteigen will, der soll keinen Platz in abstrakter Form, gefühlsbetont und mit physisch-körperlicher Kraft beanspruchen; der soll nur dafür würdig kandidieren und dem ganzen Volk etwas zu deren Wohlstand wortmächtig versprechen, damit seine Chancen daraufhin für die Wahlentscheidung nicht sinken. Diese Zeit des wortmächtigen Versprechens wird mitunter Initiationsritualphase genannt. Ohne diese Phase ist es unmöglich, von einem Platz in der Machtwelt zu träumen, zumal der bevorstehende Machtaktant durch jene Periode eine recht ansteigende Zustimmung unter den ihm gegenüberstellenden Wählern bekommen kann. Zum Ausdruck kommen fortwährend demokratische Tonfälle, freiheitliche, transparente und friedliche Grundprinzipien, die in seiner wirkungsmächtig bezeugenden offiziellen Kampagne auf gleichsam festgelegte gesellschaftsfunktionierende Dokumente (wie Verfassungsbuch) verweist, welche sich auf die von großen Volkszahlen bewusst bekannte normative Grundsysteme beruft. Das Versprechen mit demokratischen Wurzeln füttert die Psychosozialität mit Annehmlichkeiten. In diesem Sinne ist es auffallend, dass das Volk, das schon im Begriff ist, ihn als nachfolgenden Machtprätendenten auszuerwählen, schon weiß, was das bevorstehende sozial-politische Zukunftsprogramm beinhaltet und wie es aussieht. Das Volk ist sich beispielhaft wohlüberzeugt, dass er intentional für eine Sichtweise gegen recht emphatisch drastischen Sittenverfall, mythische Legitimationsmodelle, fremdartige karikaturistische Entwürfe von Menschenbildern (rhetorisch-diskursive Verzeitlichung und drastisch unfruchtbare Schilderung der räumlichen und grundsätzlich unüberprüfbaren Differenzphänomene, die der sozial pragmatischen Realität widerspricht), irrationale Abgeschiedenheit der vorausgehenden Ordnung und feurige Dekadenz ist. Aufgenommen in die Machtwelt wird nur derjenige, der Unzulänglichkeiten der jetzigen Welt gleich nach seiner Machtergreifung korrigieren und keine neuartig fremde und künstliche Welt erschaffen kann; er muss handlungsmotivierend – in vielen Fällen – immer für die Verlebendigung von moralischer Integrität und Eignung, rationalen Ordnungsprinzipien und Wertevorstellungen, Wohlsein und idealem Zusammenleben verantwortlich sein und eigenentwickelte Moral, erzeugte Evidenz und einen wehrhaften Nachwuchsplan zur Rettung der Menschenrechte ausstrahlen und profilieren lassen. Dieses ins Auge gefasste bereitzustellende Handeln leitet das volkliche Vertrautsein her. In diesem Zusammenhang ist es ganz ersichtlich, dass es ein verkoppeltes Verhältnis von Macht zur Gesellschaft gibt.

Macht wird in der Gesellschaft, von der Gesellschaft und für die Gesellschaft produziert und ausgeübt. Dieser Hauptgedanke bildet umfassend den Drehpunkt dieses Kapitels. So gesehen ist die Hervorhebung der Wechselwirkung zwischen Gesellschaft und Macht ausschlagebbend, in dem Sinne, dass es keine Gesellschaft gibt, in der keine leitende Macht vorhanden ist, weil jene Ordnung schafft und die Gesellschaft gegen fremde Attacken beschützt. Aber die Frage nach der Machtausübung spielt eine gedankliche Rolle und bringt die Tatsache ans Licht, ob ein Ungleichgewicht zwischen beiden Komponenten zu Gesellschaftsumbruch oder der Machtzerstörung führt. Bevor auf die Frage eingegangen wird, ist es obendrein von Belang, zu wissen, von welcher Macht die Rede ist. Die Annahme nämlich, dass jede Gesellschaft jedenfalls aus ökonomischen, kulturellen, religiösen, philosophischen und politischen Mächten besteht, die nebeneinander funktionieren, miteinander in Berührung kommen und einander interagieren, befähigt dazu, die Wichtigkeit der ausgeglichenen Beeinflussung jener Einzelbereiche zu ermessen, eben weil die Einflussnahme der einen auf der anderen ausdrücklich zu Disharmonie und sozialen Dissonanzen führt. Wenn beispielsweise die politische Macht, von der hier die Rede ist und ihre Akteure die ökonomische mit deren Mitteln (sei es militärisch, diktatorisch) beeinflusst, dann kann die ökonomische Macht regredieren.

## II.1 Politische Macht und ihre gesellschaftliche Funktionsweise

Die politische Macht ist die dirigierende, funktionierende und am allermeisten befehlsgebende Macht. Sie ist die vom Volk am Wahltag auserwählte Macht und soll als solche ihre Beziehung zu anderen Machtinstanzen gut pflegen, damit dadurch dieses Volk das Land friedlich, freiheitlich und fröhlich voranbringt. Dieser Teil weist auf, wie die politische Macht (in dieser Arbeit bekannt als **Politisches**) ausgeübt werden soll und wie sie im Falle ihres totalen Rollenscheiterns friedlich gewechselt werden kann. An diesem Punkt ist es ohne Zweifel wichtig, zu wissen, dass die politische Macht im Wesentlichen dynamisch ist. Sie funktioniert nach Sozialbedürfnissen und kann sich je nach der sozialen und epochalen Entwicklung verändern. Die Veränderung soll gleichwohl unter menschheitlicher Berücksichtigung geschehen, da das Politische auf der Regierung von Menschen und deren Seelen besteht. Das Politische soll nur das Gefühl von Liebe, Harmonie, Ordnung, Gestalt, Gleichberechtigung, Nationsverbundenheit entwickeln, deren Grundlagen auf sozialer Entfaltung beharren. Wenn der politischen Macht solche Prinzipien und Faktoren keine Beachtung geschenkt werden, dann wird sie meiner Ansicht nach die unhaltbar selbstgenannte **politisierende Macht**. Die neuartige Schlagwortartigkeit verweist auf die falsche, übertriebene und grenzenlose Ausübung der politischen Macht und erschließt eigene Politikvorstellungen, die gar nicht im Verfassungsbuch zu finden sind und sich als sadistisch und antihumanistisch erweist. Die politisierende Macht ist die Macht, die die politische Macht politisiert.

Und da die politische Macht schon politisiert worden ist, ist ihre zweite Politisierung eine harte Manipulation.

Die politisierende Macht bedeutet in demokratischen Ländern Sterben und Untergraben der Demokratie und Verkündung und Ausstrahlung der Diktatur. Die politisierende Macht bzw. das **Politisierende** lässt böswille Begriffe in Erscheinung treten, u.a. Radikalisierung, moralische und diskursive Ausbeutung, Ungleichheitseinstellung, nihilistische und chauvinistische Vorwürfe, Marginalisierung, Repressalien, Überwachung, Verfolgung, Auftrittsverbote, Zulassung von Verderbnissen, Vertreibung, Ausbürgerungsfolterung, Haft und Gefangenschaft, nicht zuletzt Kannibalismus und Anthropophagie. **Politisierende Machthaber** haben gleichsam widerstreitende dämonische Kräfte und sind existenz-, lebens- und versöhnungsfern. In deren Herzen sind Liebesgefühl und Empathie vernichtet. Der Mangel an Liebesgefühlen in Sonderheit ist ein Zeichen von Inkompetenzen, Moralunfähigkeiten und unbewussten Handlungsführungen, die zeit- und raumgeschichtlich gefährlich sind und Spuren risikohaft über Generationen hinweg hinterlassen kann. Jene Spuren, immer aufgeladen mit Konflikten, Spaltungen, Spannungen und konfliktreicher kulturideologischer und -politischer Koexistenz, begünstigen den sozialökonomischen Rückstand. Das betroffene Land kann hierfür immer nach Hilfe in anderen Ländern suchen, aber niemals von jener Hilfe profitieren. Die ganze Gesellschaft mündet in Gefahr, wenn es kein gleichsam grundsätzlich austariertes Gleichgewicht zwischen den Sozialbereichen gibt. Der Zusammenbruch des Gleichgewichts kommt aus dem ethnischen Lager. Machthaber werden zu Nichtintellektuellen, wenn sie inkonsistente Diskurse und Reden halten, die gegen das Verfassungsbuch sind. Ihre Handlungsführung bremst und vernichtet durchaus das Bestehen der ökonomischen und kulturellen Macht und bedroht Lehrstühle der Universitäten, Sessel der Richter, Pulte der Schulen, Schreibtische der Dichter; sie beschützt durchaus Fronten der Armee gegen die Bevölkerung, weil jene Leute militärische Interventionen immer brauchen. Die religiöse Macht kann nicht in politisierenden Ländern überleben, weil die regierende Machtinstanz eschatologische und jenseitsorientierte Blicke nicht verinnerlicht. Die Religion in derartigen Ländern kann nur existieren, wenn sie eine enge Beziehung zum willkürlichen Staat hat. Es ist auch wichtig, zu wissen, dass alle Türen von Ungerechtigkeit, Korruption, und Menschheitshass ein bestimmtes Merkmal politisierend-despotischer Regierungen sind. Die politisierende Macht ist dazu befugt, mittels Waffen und sonstiger militärischer Anlagen Kriege und Schlachten herbeizuführen, den Seelenzustand der Bevölkerung auf unüberbrückbare Weise zu traumatisieren und eine unterentwickelte Schicksalhaftigkeit auszurufen. Sie führt weitgehend die Sozialschichten zu bewusster Trennung und lässt die Idee ans Tageslicht treten, dass niemand ein gemeinschaftliches Gefühl hat, was im Grunde falsch ist. Im Zusammenhang damit ist es obendrein erwähnenswert, dass die politisierende Macht das ethnische Bewusstsein verbreitet, wenn die Gesellschaft aus Ethnien besteht und sich das friedliche kollektive Handeln verweigert, indem sie Reden mit identifizierungsfähigen Worten hält.

Wenn man den genauesten Merkmalen von Politischem und Politisierendem nachgeht, so ist in Afrika die Rede von Politisierendem. Erlauben Sie mir, diesen Scharfblick so zu gestalten. Das Politische ist die vom ganzen Volk wohlbekannte und demokratisch ausgewählte Macht, die sich aus

Ordnungsschaffungskriterien, Freiheit und Harmonie zusammensetzt, welche in dem von allen Bürgern gelesenen Verfassungsgesetzbuch gespeichert sind. Das Politisierende besteht hingegen aus Ideologien zur Selbstglorifizierung und Andersartigkeit. Das Zusammenspiel von Politischem und Politisierendem führt zur Umfälschung und Verfälschung der Seele, zur Entfremdung der Zeitgenossen, zu Entfaltungsfeindseligkeit und nicht zuletzt zur Entstehung von desorientierten Diskursen in Medien und anderen sozialen Vermittlungsinstanzen. Da das Politische auf Freiheit, Meinungsäußerungsrecht, freier Beteiligung an entscheidenden Maßnahmen, Förderung nach Humanitätsideal, sozialer Selbstentschiedenheit und Erlaubnissen beruht, kann es dem Volk idealtypisch gelingen, mit seinem frei auserwählten Präsidenten über deren Sozialprobleme zu sprechen. Das Politisierende, bestehend aus Frustrations- und Einschüchterungsworten, ausdrücklichen Verboten und Beschränkung der Bedürfnisse auf ein Minimum, Förderung nach Hassgefühlen, Kündigung konventioneller Normen im Gesellschaftsvertragsbuch, herrschaftsdiktatorischen Maßnahmen, viktimologisch-psychologischen Störungsmechanismen, Mystifizierung der Wahrheit wegen eigener egoistischer Bestrebungen, menschlicher Liebesverweigerung, begleitet die ganze Gesellschaft in dauerhafte Kriege und macht den Menschen zum Tier, weil er sein Gegenüber verachtet, verletzt, vergewaltigt und dann mit Waffen tötet. Afrika braucht in diesem Zusammenhang eine neue politische Willensbildung, weil die Macht in der Gesellschaft nicht die Gesellschaftsentwicklung favorisiert. In den folgenden Seiten geht es immer noch um die politische und Politisierende Macht mit einer weiteren Konzeptionierung.

## II.2 Politische und politisierende Macht

Die politisierende, auch unbeschränkte politisierbare Macht führt zur Geburt der Blockpolitik oder Hasspolitik, d.h. zur **Politik der Gefühle und Affinitäten** mit vermeidlich falschen, einseitigen, selbstsüchtigen Anliegen von Ungleichheitsentwurf und Moralablehnung. Und wegen ihres schrecklichen Tatendrangs wird die Staatsmacht zum Entfremdungsmittel der Bevölkerung. Diese Art Politik, die schon in der Regel zum Dienst der Gesellschaft politisiert worden ist, weil keine Gesellschaft ohne Politisierung und Strukturierung ihrer Aufgabenbereiche funktionieren kann, erlebt noch eine zweite Politisierung. Die zweite Politisierung ist gesetzwidrig und kämpft für Interessen der regierenden Instanz. Die Blockpolitik ermöglicht die Ausstrahlung des **Zweckpessimismus**, der sich vom **Zweckoptimismus** entfernt. Darunter wird eine Form der Machtgier definiert, die auf Korruption, Manipulation und Ressourcenspeicherung beruht. Zweckpessimistische dirigierende Schichten haben alles in einer Republik, wo die Zivilbürger an Hunger, Armut, Krankheit, Erziehung leiden. Bei genauerem Hinsehen betrachten Dirigierende jener Schichten präsidentielle Paläste als eine diktatorische Pracht, von wo aus die demokratisch-moralische Sympathie auf ironisch fingierte Weise ausgebreitet werden kann. Die soziale Hinentwicklung und sonstigen Initiativen sind komplett ausgeblendet und man bevorzugt die Institutionalisierung der inneren harten Hassgefühle, auch wenn man davon ausgeht, dass alle zuteilwerden müssen. Der Zweckpessimismus kämpft ferner für die politische Ewigkeitsherrschaft, was man als „staatliche Bourgeosie“ bezeichnen kann. Es stellt sich heraus, dass diese Bourgeosie oder, schärfer, Staatsdiktatur und

„prachtvolle Drohung“ eine Kluft zwischen ungebärdiger, machthungriger Regierung und unfähigem Volk etabliert. An diesem Punkt geht es bei der politisierenden Macht um die politische Barbarei, um die Macht der Familienmitglieder an der Spitze einer Nation. Diese Macht entspricht dem epikuristischen Spiegelbild und basiert auf einem Carpe-Diem-ausgerichteten Leben. Diese Argumente bleiben thesenhaft und beruhen auf meinem sozialen Beobachten.

Es ist durchaus wichtig, zu betonen, dass politisierende Mächte wegen der dauerhaften Amtszeit der regierenden politischen Partei entstehen. Sie manipulieren das Gesetz je nach den eigenen Interessen. Deswegen sind sie bekannt als **Dunkelmänner**. Die Philosophie des Mentalitätswechsels kämpft gegen das **Dunkelmännertum**, das nur eine Möglichkeit von offenem Staatsterrorismus, entwickelten Strategien zum Staatsumsturz, Kannibalismus, Gefangennahme der Unschuldigen usw. ist.

Wenn man jetzt den Blick auf die **politisierte Macht** richtet, auch als politisch bekannte Macht bekannt, ist es klar, dass sie zur Breitpolitik mit demokratischen Wurzeln führt. Daher beharrt sie auf Waffenvermeidung und Kriegsablehnung. Sie beharrt ebenfalls auf dem **Zweckoptimismus**, welcher einen bewusstseinsvermittelten Charakter hat; er ist sozusagen eine interessenlose Freiheitskampfbewegung, die gesamtsoziale Denkprozesse mitberücksichtigt. Sie bietet Völkern mehr Freiheiten und Chancen einer nachhaltigen Entwicklung in vielen Sektoren und kämpft diesbezüglich gegen Primitivismus und Mythologisierung der Gesellschaft und plädiert für das zweckgerichtete Gemeinwohl, für die demokratische Gesinnung und politische Intelligenz, für

Recht, Gleichheit, gute Lebensstandards, Freiheit und Dezentralisierung, für die antiatavistischen und antibarbarischen Regierungsformen, die Kriege überall ausbreiten.

## II.3 Ist demokratisch-diktatorische Macht gesellschaftskonstruierend?

Die Kombination von Demokratie und Diktatur verweist schlaglichtartig auf das schlechthin Dualistisch-Ambivalente oder auf das Dramatische an der Spitze einer Gesellschaft. Die Ambivalenz hier bedeutet Verwirrung, Missverständnis, Unverständnis und betrifft die Begriffe **diktatorische Demokratie** und **demokratische Diktatur**. Die diktatorische Demokratie verweist auf ein Machtsystem, wobei die Regierung die Freiheit hat, das Volk fremden Maßnahmen zu unterwerfen. Die demokratische Diktatur verweist auf ein Land, wo die Regierung alle Initiativen bremst und immer dem Volk sagt, dass es frei ist. Die diktatorische Demokratie ist direkt und die demokratische Diktatur versteckt sich hinter den Handlungen der Regierenden. Alle Formen verweisen gleichsam auf das Dramatische, was in dem Maße mit der Verteufelung des Schicksals vom malträtiert Verwirrten verbunden ist. Dieser Verwirrte ist der Bürger, der normalerweise über seine Rechte verfügt. Die demokratisch-diktatorische Herrschaft ist eine symbolische Instrumentalisierung des Bürgers und die Planung der kannibalistischen Vernichtungsfantasien. In diesem Sinne sind demokratisch-diktatorische Gesellschaften selbstwidersprüchliche und unbeschreibbare Gesellschaften, in denen man hinter Diskursen des Politischen bzw. Demokratischen zurückbleibt und Merkmale des Politisierenden in die Praxis umsetzt. Jene Gesellschaften werden auch **politisch-politisierende Gesellschaften** je nach der konfliktreichen Konstellation zwischen dem Politischen und Politisiereden genannt. Die Zusammenführung von beiden sozial-ideologischen Systemen, d.h. nämlich von Demokratisch-Diktatorischem, stellt alles Soziale auf den Kopf. Unbehaglich entfernt sich das Volk von entwicklungsbedingten und ökonomischen Strukturen, welche eine funktionierende Rolle spielen. Infolgedessen organisiert es auf ganz irritierende Weise institutionelle, akademische und mediale Debatten um Erklärung, Kommentierung und Auslegung der jetzt gewordenen politischen Bühne mit deren doxophologischen Verunsicherungsmechanismen. In diesen Debatten vornehmlich widmet es sich demnach der Blickrichtung, ob die Gesellschaft demokratisch oder diktatorisch geleitet wird. Eine solche Richtung hat oft damit zu tun, dass dieses Volk am Wahltag nach demokratisch-freiheitlichen Prinzipien gehandelt hat und sich der politischen bzw. demokratischen und nicht der diktatorischen und politisierenden Festlegung aller Art bewusst ist. Die unerwartete Praktizierung von Diktatur ist unverkennbar ein großes und seelenstörendes Problem. Dieses Problem kann zugleich weitgehend zur Traumatisierung und totalen Entfremdung des Selbst führen und die ökonomische Macht ans Limit bringen. Was die letztere Machtinstanz angeht, so kann man naheliegend in traumatisierenden Umständen weder lebenswichtige Alltagsbedürfnisse befriedigen noch infrastrukturelle Ziele des Landes erreichen. Die von diktatorischen bzw. politisierenden Maßnahmen provozierende ökonomische Vernachlässigung des Landes mündet die gesamte Bevölkerung in Hunger, Armut und Konflikte, die die Idee zur sozialen Klassenteilung, also zu Gruppenspezifizierungen und Vervielfältigung von unterschiedlichen politischen Parteien, entstehen lassen und dadurch die Zukunftslosigkeit proklamieren, denn man kann in diesem schwerwiegenden Umstand weniger an eine mögliche hochgerechnete Zukunft denken als vielmehr an aktuell bestehende Situationen, denen man nicht schlicht entweichen kann. Nebenbei sind zu viele politische Parteien nicht mehr gut für ein demokratisches Land, weil sie in ihrer Pluralität der Ideologien das Volk verwirren und ihm Schüssel zum gleichzeitigen Betreten in ozeanische Ideologieumfelder übergeben. So führt auffallend die Vielstimmigkeit und Vervielfältigung von Parteien zum Kontrollverlust am Wahltag und zum Aussterben der Demokratie, sodass die amtierende Macht in der Regierung, die noch eine Funktion überall stellt, alles im Schilde führt und ihre Dauerhaftigkeit bereitstellt. Es kann trotzdem möglich sein, dass die regierende Macht ihre Dauer in der Regierung wegen hinreichend korrupter Gesinnung bereitstellt, obwohl es nur ein paar Parteien gibt. In diesem Sinne ist es ohnegleichen feststellbar, dass in jenen korrumpierten Gesellschaften die egoistische und individualistische Interessensuche der amtierenden Instanz auf der Oberfläche gespült sind. Sie sucht nur nach ihrem Wohlstand und kann ihr Ziel nur dann erreichen, wenn sie möglichst genau das Verfassungsbuch außer Acht lässt, dessen demokratisch-freiheitliche, gesellschaftsaltruistische und moralbildende Verhaltensnormen keinen leichten Zugang zu eigener Bereicherung ermöglichen.

## II.4 Politischer Machtwechsel und Moralfrage

Die Militärregierung in ein paar afrikanischen Ländern (Burkina Faso, Niger, Mali, Gabun) ist ein strategisches Mittel von Machtwechsel und Friedenshoffnung. Obwohl dieses Mittel sich als ein Stück Glück entpuppt, basiert es auf gesetz-, moral- und verfassungswidrigen Mitteln, die Unordnung und Missverständnis entstehen lassen. Militärregierende Instanzen sind nicht immer in der Lage, das innere Sozialunbehagen auszurotten, weil Oppositionen nach der gewaltigen Machtergreifung weiter bestehen und irgendwie in nahen oder fernen Zeiten zu Konflikten führen können. Demokratie und Macht sind nur dann verbunden, wenn die Macht die Moral in allen Herzen verallgemeinert, weil die Moral ein bestimmtes Merkmal der Freiheit und Entwicklung ist. Die Moral macht den Menschen frei und etabliert in seinem Leben Frieden, Harmonie, die Merkmale der rechten Demokratie sind. In diesem Teil geht es darum, das Schema des friedlichen Machtwechsels zu erörtern. Wie kann man die Macht wechseln, ohne militärische Wege zu gehen? Wann gibt es Wahlen und wann brauchen die Wähler keine Wahlen mehr?

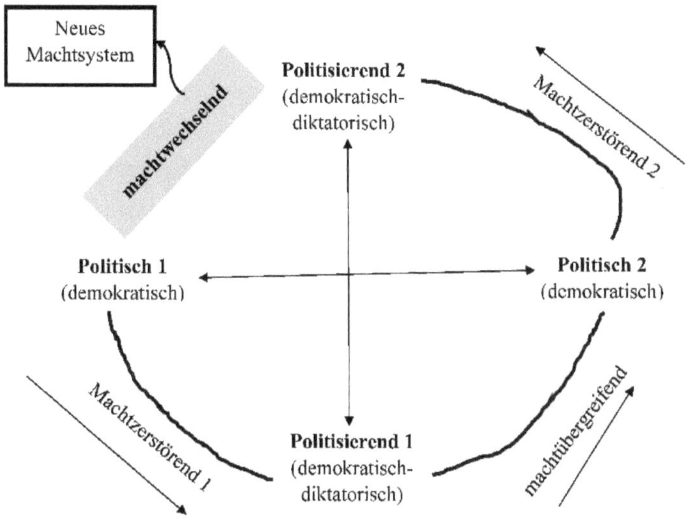


**Abb.4: Politischer Machtwechsel in Frieden**

Das Schema des Machtzirkels verweist vor allem auf politische Umstände und sozial bestehende Wirklichkeiten nach jeweiligen politischen Wahlereignissen. **Politisch 1** steht für **die erste Lektüre der Verfassung**, die als Gesellschaftsvertrag fungiert, weil sie Voraussetzungen für das Funktionieren und Bestehen der Gesellschaft entwickelt. In der Tat sind alle festgelegten Regeln, Rechte und organisationsrechtlichen Maßnahmen in der Verfassung zu finden; sie sind in Artikeln mit Nummern gegliedert. Deswegen wissen die Bürger:innen genau, dass die Aufgaben vom Staatschef und dessen Regierungsteam darin besteht, alle vor Aggressionen, Kriegen, Vergewaltigungen, Gewalttätigkeiten und aller Form der Manipulation, psychologischen Störung und

Einschüchterung zu schützen. Jene Aufgaben sind grundprinzipielle Merkmale des Rechtsstaates und der Demokratie. In diesem Sinne lässt sich ein Rechtsstaat nur dann als solcher verstehen, wenn alle Rechtsgrundlagen und Gesetzmäßigkeiten des Gesellschaftsvertrags beachtet werden. Die allerwichtigste Aufgabe der dirigierenden Instanz an der Spitze einer Gesellschaft, die über allen anderen wichtigen Aufgaben steht, ist die minutiöse Aufrechterhaltung des Zusammenlebens, ohne welches keine Gesellschaft möglich ist. Das Zusammenleben ist ein Zeichen der Verallgemeinerung aller heterogenen Seelen und Kulturen. Es besteht aus Liebe, Brüderschaft, Sympathie, Mitgefühl, gegenseitiger Hilfe, Kommunikation und kollektiven Initiativen. Das Zusammenleben ermöglicht ferner die Verfolgung eines gemeinsamen Zwecks in einer Nation. Fehlt die praxisbezogene Umsetzung dieses Zusammenlebens, so entsteht eine **Scheingesellschaft**, d.h. eine **korrupte Gesellschaft** mit **Hasskultur**, in der die legitimierte Macht und deren Funktionieren von den politischen Akteuren verachtet werden. In Anlehnung an das Schema geht es um die **Machtzerstörung** und die Entstehung einer widersprüchlichen Macht bzw. politisierenden Macht, die ich schon in vielen Seiten erklärt habe.

**Politisierend 1** verweist auf einen Staat mit dualen Regierungssystemen (Demokratie und Diktatur). Obwohl alle das Recht haben, ihre Meinung zu äußern, ist die Meinungsäußerung verboten. Obwohl alle frei sind, ist niemand frei. Obwohl alle das Recht haben, an sozialen Initiativen und Programmen teilzunehmen, sind viele von vielem ausgeschlossen. Obwohl alle politischen Parteien auch durch Wahlen an der Spitze der Regierung sein können, bemerkt man immer wieder, dass nur eine einzige politische Partei die Wahlen jedes Mal gewinnt. So gesehen ist der Moment der **Machtwiederübergreifung** bzw. **Machtergreifung** in solchen Ländern eine Saison der Panik in allen Häusern. Die Machtwiederübergreifung wegen der atavistischen Willensbildung der ausgehenden politischen Partei, die ihre Akte in einer anderen politischen Ära wiederholen will; die Machtergreifung ist vielmehr militarisiert und entspricht keinem Artikel der Verfassung. Es geht beispielsweise um Staatsstreiche und andere Formen des Staatsumsturzes. Kriege und Konflikte aller Art können in jener Saison überall entstehen, weil die Ethik der Moral und Humanität fehlt. Bevölkerungsschichten laufen kaum jeweiligen Alltagsaktivitäten nach. Ich möchte noch etwas beiläufig sagen: Wer ein Volk regieren will, soll nicht nur kandidieren, er muss auch die Moral in sich selbst entwickeln, weil eine moralwidrige Regierung blutgierig, menschen- und gesellschaftsverachtend ist.

Die Phase von politisierend 1 zu politisch 2 ist, wie schon gesagt, die Phase der Machtergreifung, aufgeladen mit demokratischen Versprechen und Ideen der Völkerbefreiung von der Last des alten Regimes. Geht es um die Machtwiederübergreifung, so versucht die ausgehende Regierungsinstanz, das gesamte Volk zu blenden. Deswegen steht Politisch 2 für die **zweite Lektüre** oder **Revision der Verfassung.** Die zweite Lektüre bedeutet in diesem Sinne nicht Anerkennung der eigenen Fehler und Inkompetenzen, die zu Hungersnöten, Kriegen, Resignation, Armut, Analphabetismus, etc. geführt haben, sondern Manipulation der Gesellschaft wegen einseitiger politischer Zielstrebungen und tief bleibenden Unordnungsprinzips. Sie bedeutet auch Einflussnahme auf das Volk und dessen psychologisches Leben. Da politisch 2 den Strukturereignissen von politisch 1 entspricht, lässt sich nicht leugnen, dass die Gesellschaft noch zwei Regierungssysteme (Demokratie und Diktatur) miterlebt, die durch **politisierend 2** ersichtlich sind. Die kontinuierliche politische Machtzerstörung, bekannt als **machtzerstörend 2,** ist ein Zeichen der Ewigkeitsherrschaft in Abgrund und Despotie. Auf diesem Grad existiert kein menschliches Gefühl und kein Bewusstsein mehr. Man regiert je nach seinem Herzensbedürfnis. Plünderungen, Tote, Vertreibungen, Fluchtbewegungen und Massenvernichtung herrschen überall vor. **Da wir uns in einer politisch paradoxen Situation befinden, möchte ich hervorheben, dass es keine politischen Mächte in vielen afrikanischen Ländern gibt. In Afrika begegnet man nur politisch-politisierenden Mächten, d.h. Mächten der Gesellschafts- und Völkerzerstörung.** Die Verfassung spielt keine Rolle. Ihre Manipulation führt zu deren menschenverachtender Veränderung. Es lohnt sich, hier nicht zu vergessen, dass die politische Macht auf das verweist, was in der Verfassung steht, und dass die politisierende Macht sich auf Entfremdungsmittel aller bezieht.

Politisierend 2 ist ein Niveau, wo keine Machtergreifung durch Wahlen noch möglich ist, weil der Zugang zu **politisierend 3** ein Zeichen des Weltuntergangs ist. Wahlen sind nur möglich in Gesellschaften, wo Demokratie und deren Umsetzung existieren. Die buchstäbliche Umsetzung der Demokratie als eine Institution führt zur **moralischen Demokratie**. Und darunter verstehe ich die Freiheit, frei zu sein und anderen die Freiheitslehre zu spenden, um auch frei zu sein. Aber diese Freiheit beachtet vor allem verfassungsrechtliche Normen. Nur dadurch sind Demokratie in Büchern und Demokratie in alltäglichem Handeln und Denken zusehends fundamentale Kriterien der Wahlmöglichkeiten. Deswegen brauchen die Vertreter von politisierend 2 und deren Politik die **Moralkultur** und den **Menschheitssinn,** die weitgehend institutionell und juristisch als Fach verankert und konsolidiert werden können. Die Voraussetzung für die Moralkulturverbreitung und die Moralisierung politischer Aktionen besteht vor allem in der Anerkennung der eigenen Fehler und Schuld der lange nachwirkenden sozialen Misere und der Existenzbedeutung. All dies führt zur politischen Etablierung der Menschheitsliebe und zur „Disziplinierung politischer Verhaltensweisen". Die Disziplinierung geht in Erfüllung, wenn Wege zur Rückkehr zu biologischen Identitätsnormen möglich sind. Diese Rückkehr ist eine Strategie zur friedlichen Machtübergabe an jemanden, der gleichsam entsprechende Merkmale der Liebe mit sich trägt. Der Familien- und Befürwortungshintergrund spielt keine Rolle mehr. Die **friedliche Machtübergabe** bedeutet **politischer Machtwechsel**.

Wegen sozialstaatsforschenden, sozialhistorischen, wissenssoziologischen und demokratietheoretischen Grundlagen brauchen viele afrikanische Länder einen friedlich-politischen Machtwechsel und ein neues politisches Machtsystem, welche in dem Maße zum Ende kriegerischer Tätigkeiten führen können. Damit dieser Wechsel nicht auf gesetzwidrigen Mitteln basiert und den Volksfrieden garantiert, braucht man **moralische Wahlen**, die in intensiver Auseinandersetzung mit dem allgemein verbindlichen Willen der Bevölkerungsschichten und deren Grundannahmen stehen und auf Renovierungsstrategien der Gesellschaftsverknüpfungen beharren. Das Volk selbst, das ethisch handelt, identifiziert schnell politische Parteien, wo politikstrukturierende und humanistische Kapazitäten vorherrschen. Jene politischen Parteien können geeignet an der Spitze der Gesellschaft angestellt werden und sich als ethische Entscheidungsgremien verstehen lassen. Politische Wahlen sind moralische Wahlen in dem Sinne, dass sie die Divergenz der Standpunkte vermeiden, die gewaltfavorisierend sind; sie sind ein Zeichen des gemeinsamen Anliegens einer Nation und sollen nicht fremdgesteuert werden. Afrika braucht in heutigen Zeiten moralisch-politische Wahlen und junge politische Entscheidungseliten für eine objektive Steuerung und Lösung öffentlicher Schwierigkeiten und Probleme.

# SCHLUSSWORTE

Ich bin in Afrika. Ich bin in Syrien. Ich bin in Afghanistan. Ich bin im Jemen. Und ich bin in der Ukraine. Und ich bin überall, an allen Orten, die sich als Schauplätze der Kriege, wachsenden Fluchtbewegungen und Terroranschläge verstehen. Ohne irgendwelche Kohärenz in meinem Hirn denke ich in einem Chronotopos des „weltweiten Chaos“ an ein Weltbild ohne Kriege und Kataklysmen. Hinter dem Bildschirm meines Computers lese ich triste Nachrichten und Berichte, beunruhigende Kommentare über die Omipräsenz des Tötens. Tage vergehen und alles tendiert immer zum Absturz. In Kamerun begegne ich Hungersnöten und Unsicherheitsphänomenen wegen der anglophonen Krise. Aber ich weiß eines: Alle werden die Philosophie des Mentalitätswechsels als eine anthropologisch-bedingte Philosophie lesen und dann unter Umständen Weltuntergänge vermeiden, weil es um keine Philosophie der Provinzialisierung und Regionalisierung, sondern um eine Art folgenreiche Voraussetzung für Friedenschließung in der Welt geht. Ich denke auch an die Absurdität menschlicher Handlungen und Autoritätssicherung. Ich habe eine Frage an alle: Wollen wir Frieden in der Welt schließen?